오십에 읽는 중용

2,400년간 내려온 잘 사는 삶의 이치
오십에 읽는 중용

© 최종엽 2025

1판 1쇄 2025년 12월 17일
1판 3쇄 2026년 1월 7일

지은이 최종엽
펴낸이 유경민 노종한
책임편집 이현정
유노북스 이현정 이소연
기획마케팅 1팀 우현권 이상운 **2팀** 최예은 전예원 김민선
디자인 남다희 허정수
기획관리 차은영
펴낸곳 유노콘텐츠그룹 주식회사
법인등록번호 110111-8138128
주소 서울시 마포구 동교로17안길 51, 유노빌딩 3~5층
전화 02-323-7763 **팩스** 02-323-7764 **이메일** info@uknowbooks.com

ISBN 979-11-7183-153-1 (03140)

- ─ 책값은 책 뒤표지에 있습니다.
- ─ 잘못된 책은 구입한 곳에서 환불 또는 교환하실 수 있습니다.
- ─ 유노북스, 유노라이프, 유노책주, 향기책방은 유노콘텐츠그룹의 출판 브랜드입니다.

오십에 읽는 中庸 중용

2,400년간 내려온 잘 사는 삶의 이치

최종엽 지음

유노북스

쉼과 즐김의 독서도 좋지만,
때로는 무거운 책과 씨름해야 할 때도 있습니다.
차창 밖으로 빠르게 지나가는 풍경도 아름답지만
걸어야만 보이는 아름다움이 있기 때문입니다.
《중용》에는 우리를 단단하게 해 주는
놀라운 힘이 있습니다.

시작하며

이제 《중용》의 시간, 오십에 다시 세우는 기준

오십은 참으로 묘한 경계입니다. 지나온 시간은 무게를 더하고, 남은 날들은 의미를 묻습니다. 거울에 비치는 내 얼굴이 조금은 낯설다고 느껴질 때가 많지만, 오십은 결코 마무리가 아닙니다. 흔들림 속에서도 다시 중심을 잡는 나이, 남의 시선이 아닌 진짜 나에게 솔직해지는 고백의 시간입니다. 갈망과 후회, 자유와 책임이 뒤섞인 이 지점에서 우리는 묻습니다.

'나는 누구인가? 그리고 어떻게 살아야 하는가?'

오십은 또 하나의 출발선입니다. 남긴 발자국이 시간을 증명하듯, 지금의 선택 또한 나를 다시 세울 것입니다. 오십은 미스터리가 아니라 새로운 나를 향한 가장 아름다운 예고편입니다. 하지만 웬만큼 단단한 나이가 됐다고 믿었는데, 여전히 마음은 흔들리고 불안합니다. 잘 살아 보고 싶다는 작은 불씨는 남아 있지만, 지금보다 더 나빠지지만 않아도 좋겠다는 체념이 스며드는 순간도 많습니다. 수입도, 건강도, 관계도, 사랑도, 가족도, 세월도, 아무것도 확실하지 않으니 일상은 더욱 혼란스럽습니다.

잠시도 멈추지 않는 뉴스, 끝없이 쏟아지는 메시지, 눈을 사로잡는 짧은 영상들은 마음을 풍요롭게 하기보다는 피로와 공허함만을 남기며 시간을 휩쓸어 갑니다. 흔들릴 때 기준을 세워 줄 철학은 부실하고, 관계가 무너질 때 붙잡아 줄 말 한마디조차 찾기 어렵습니다. 길이 보이지 않을 때 한 걸음 더 내딛게 해 주던 용기는 점점 사그라집니다. 가벼운 정보는 넘쳐 나지만 인생을 단단하게 해 줄 지혜는 너무도 먼 곳에 있는 듯합니다.

그렇지만 흔들린다는 것은 아직 포기하지 않았다는 증거입니다. 실망은 희망을 반증합니다. 경쟁으로 피가 마른다는 것은 이루고 싶은 꿈이 있음을, 하루가 분주하다는 것은 분명한 목표가 있음을, 스트레스를 받는다는 것은 여전히 성장을 추구하고 있음을, 눈물을 흘린다는 것은 사랑하는 사람이 있음을 의미합니다.

그러니 답은 의외로 단순할지 모릅니다. 흔들릴 때마다 꽉 붙잡을 수 있는 기준이 있으면 됩니다. 누구는 그것을 돈이라고 합니다. 누구는 사랑이라고 하고, 누구는 권력, 누구는 일, 누구는 자식이라고 합니다. 모두 맞지만 그것이 다는 아닙니다. 손에 쥐면 용기가 차오르고 가슴에 품으면 다시 일어설 힘이 되는 기준, 파도가 아무리 거세도 배를 항구에 단단히 붙들어 주는 앵커 같은 기준이 오십에는 꼭 필요합니다.

자사의 선언

그 마음의 앵커를 2,400년 전 자사(子思, BC 483?~BC 402?)는 《중용(中庸)》에서 이렇게 정의했습니다.

하늘의 명을 성이라고 하고, 성을 따르는 것을 도라고 한다.
天命之謂性 率性之謂道
천명지위성 솔성지위도

《중용》 제1장

성실이 하늘의 도다.
誠者天之道也

성자천지도야

《중용》 제20장

천명이 인간의 본성이요 그 본성을 따름이 인간이 가야 하는 길로, 하늘의 명을 따르는 것이 인간의 도리라는 의미입니다.

여기서 말하는 천명은 과연 무엇일까요? '성실이 하늘의 도'라는 그다음 문장이 답해 줍니다. 성실이 하늘의 도라는 말은 '하늘은 성실하다'는 뜻입니다. 그러니 천명을 성실로 바꿔도 됩니다. 다시 말해 하늘과 인간의 본성이 '성실'이라는 의미입니다. 하늘의 법칙도 성실이요, 인간의 법칙도 성실이라는 얘기죠. 인간이 성실과 정성으로 살아갈 때, 천지가 번성하듯 인간의 삶도 번창할 수 있다는 뜻입니다.

우리가 자연(하늘)이라고 부르는 바람과 비, 나무와 계절, 해와 달과 별은 스스로 존재하는 것 같지만 사실은 치밀한 성실함의 질서 속에 있다고 본 것입니다. 수십억 년 동안 단 한 번도 멈추거나 게으름을 피운 적 없는 이 우주의 섭리는 그야말로 성실과 정성의 극치라고 할 수 있습니다. 자연의 일부인 인간의 본성도 이와 다르지 않다는 것이 자사의 정의입니다.

자사가 《중용》을 집필한 이유가 여기에 있습니다. 인간은 누구나 천명인 성실을 타고났기에, 단단한 믿음으로 중용의 도를 지키며 자신의 목표를 성취해 나갈 수 있다는 것이 자사가 남긴 삶의 철학입니다. 오늘을 살아가는 우리에게도 여전히 유효한 지혜입니다. 그 긴 세월 동안 많은 사람이 중용이라는 앵커를 통해 흔들리는 삶을 슬기롭게 지켜 왔음이 이를 증명합니다.

《중용》이 던지는 질문

저는 자신에게 가끔 물었습니다.

'내가 원하는 삶은 무엇일까?'

그러나 《중용》을 다 읽고 난 뒤, 그 질문은 달라졌습니다.

'삶이 나에게 원하는 것은 무엇일까?'

삶은 단지 자기 자신만을 위한 것이 아니며, 하늘은 언제나 우리에게 더 크고 귀한 것을 기대한다는 사실을 알게 됐습니다. 그 기대는 무거운 짐이 아니라 우리를 지탱하고 단단하게 해 주는 힘이라는 것을 알았습니다. 삶이 원하는 길에 귀 기울이고 그 부름에 성실과 정성으로 응답할 때, 비로소 우리는 흔들리지 않는 삶 그리고 더 깊은 기쁨 속에 설 수 있습니다. 《중용》은 그렇게 2,000년 이상을 전해 내려왔습니다.

자연과 인간의 법칙인 성실과 정성으로 삶을 일구라.
감정의 균형을 지켜 자신도 해치지 말고 타인도 어지럽히지 말라.
때를 알고, 중심을 지키며, 끝내 성취하는 삶을 살라.

잘 산다는 것은 거창한 일이 아닙니다. 지금 이 순간 마음을 정성스럽고 참되게 다스리며 살아가는 일입니다. 그것이 곧 중용의 길이고, 우리가 바라는 잘 사는 삶의 또 다른 이름입니다.

이제 《중용》의 시간

인생 전반전은 무엇인가에 이끌려 살아왔더라도, 후반전은 달라야 합니다. 이제는 명확한 의미와 분명한 선택이 필요합니다. 혹여 인생 전반전이 마음에 들지 않았다면 오십은 오히려 기회입니다. 미래가 불안하다면 오십은 희망입니다. 지나온 만큼이나 긴 시간이 앞에 놓여 있기 때문이죠.

사서(四書)를 통해 우리는 인생의 단계를 비추어 볼 수 있습니다. 오십에 읽는 사서는 지루한 고전이 아니라 삶을 완성해 가는

인생 교과서가 될지도 모릅니다. 사람 냄새 나는 가르침이 담긴
《논어(論語)》에서 우리는 삶의 기본과 사람다움을 알게 됩니다.
인간의 본성과 정정당당한 삶을 다룬 《맹자(孟子)》에서 기개와
의리를 느끼게 됩니다. 삶의 큰 틀을 정리하는 《대학(大學)》에서
인생 후반의 큰 그림을 생각해 볼 수 있습니다. 삶이 나에게 무
엇을 원하는지를 다룬 《중용》에서는 삶의 균형과 인생의 무게를
점검해 볼 수 있습니다. 인생 후반전을 어떻게 살아야 하는지 그
길이 궁금하다면 한 번은 진지하게 읽어야 할 책이 바로 《중용》
입니다.

　쉼과 즐김의 독서도 좋지만 가끔 두툼한 책을 펼쳐 힘들게 씨
름해야 할 때도 있습니다. 그래서 빠름과 재미도 좋지만 가끔은
오래된 고전을 찾기도 합니다. 달리는 자동차에서 즐기는 풍경
도 좋지만 걸어야만 볼 수 있는 아름다움이 있기 때문입니다. 배
고픔과 결핍, 눈물과 한숨이 결국은 삶을 단단하게 하듯, 검증된
고전인 《중용》이 우리를 단단하게 세우는 힘이 됨을 알기 때문
입니다.

　지금까지 저에게 《중용》은 그저 '읽다 만 책'이었습니다. 어렵
다는 선입견 때문에 첫 장조차 넘기지 못하고 덮어 버리곤 했습
니다. 몇 번 그러고 나서는 별다른 관심을 두지 않았습니다. 누
군가의 강의를 찾아 들을 생각도 없었고, 제목 그대로 단순히 '중

용'이라는 한 가지 개념만을 설명한 책일 것으로 여겼습니다. 정작 중용의 의미도 잘 알지 못하면서 스스로는 그 도를 지켜 살아가고 있다고 은근히 자만했습니다. 그러나 다시 마주한 《중용》은 달랐습니다. 결코 무겁지도 난해하지도 않았습니다. 작은 내 마음 하나를 지키는 일이 결국 세상을 밝히는 길임을 알았습니다.

그래서일 것입니다. 지난 수천 년 동안 아버지가 아들에게, 스승이 제자에게 이 책을 전했습니다. 《중용》은 진부한 고전이 아니라 삶을 지탱해 주는 단단한 뿌리로서 손색이 없습니다. 우리의 마음속에 단단한 앵커가 되어 삶이 원하는 길을 묻고, 그 답을 찾게 해 줄 것입니다.

자사의 《중용》 해설

《중용》의
잘 사는 삶이란

《중용》은 공자(孔子, BC 551~BC 479)의 손자인 자사가 지은 경서입니다. 《중용》 하면 떠오르는 네 명의 이름이 있습니다. 공자, 증자(曾子, BC 505~BC 436?), 자사, 맹자(BC 372~BC 289)입니다. 공자는 자사의 할아버지이고, 증자는 자사의 스승이었습니다. 그리고 맹자는 자사의 제자에게 학문을 이어받은 제자의 제자였습니다.

자사의 어린 시절은 순탄하지 않았습니다. 그가 두 살 때 아버지 백어(伯魚)가 세상을 떠났고, 어머니는 재혼하며 집을 떠나야 했습니다. 겨우 네 살 무렵에는 할아버지 공자마저 세상을 떠나 자사는 일찍이 부모와 스승의 품을 잃은 채 고아가 됐습니다. 그 때 공자의 마지막 제자였던 스물일곱 살의 증자가 어린 자사를 품었습니다. 증자는 공자의 학문과 덕을 전수받은 인물이었기에 자사는 그를 통해 공자의 도를 이어받을 수 있었습니다.

자사가 쓴 《중용》의 의도

《논어》는 공자와 제자들 사이의 대화를 엮은 책이지만, 정작 공자 자신은 《논어》의 존재조차 알지 못합니다. 그가 세상을 떠난 뒤 제자들이 스승의 말씀을 모아 엮은 기록이기 때문입니다. 그렇기에 《논어》 속 공자의 말들은 언젠가 발행될 《논어》라는 책을 의식한 발언이 아니라 순간순간 삶의 현장에서 제자들에게 전해진 진솔한 대화였습니다.

그러나 《중용》은 다릅니다. 자사가 직접 집필한 책으로, 그의 생각과 의도가 고스란히 담겨 있습니다. 자사는 왜 《중용》을 쓰겠다고 했을까요? 춘추 시대(BC 770~BC 403)에 공자가 죽고 격변의 치열한 전국 시대(BC 403~BC 221)가 시작되자, 공자의 유학은 시들해지고 시대사상은 유학에서 겸애를 주장했던 묵자(墨子, BC 480~BC 390)나 양주(楊朱, BC 440?~BC 360?) 또는 도가(道家) 쪽으로 기울어졌습니다. 이때 자사는 세상의 혼란 속에서도 인간이 잃지 말아야 할 중심, 흔들림 없는 삶의 길을 제시하고 싶었을지도 모릅니다. 《중용》은 단순한 기록이 아니라 자사가 온 마음을 담아 후대에 건넨 정신적 유산입니다. 거기에는 사람이 어떻게 살아야 하는가에 대한 간절한 물음과 답이 있습니다.

후대에 《중용》을 재해석한 주자(朱子, 1130~1200)의 생각을 걷어 내고, 2,400년 전 자사와 공자의 생각을 따라 《중용》을 이해해 가면 1장을 다 읽기도 전에 삶에 대한 자신감이 생겨남을 느낄 것입니다. 나는 그저 그런 존재가 아니라 무엇이든 잘할 수 있는 엄청난 잠재력을 가지고 태어난 존재임을 스스로 느끼게 됩니다. 이 신비한 자연의 법칙이 나라는 인간을 움직이는 법칙과 다르지 않기에, 자연이 영원토록 유지되고 천지자연이 좋은 쪽으로 나가는 것처럼 자신 또한 그런 잠재력을 가진 사람이라는 걸 알게 됩니다.

《중용》은 인간이 태어날 때부터 성실함을 본성으로 지니고 있음을 일깨워 주는 책입니다. 더 나아가 일상에서 흔들리는 감정을 다스리고, 사람과 사람 사이의 관계를 조화롭게 가꿔 나가도록 이끌어 주는 고전입니다. 그래서 《중용》은 우리가 오래도록 그려 온 '잘 사는 삶'이 무엇인지 그리고 그 길을 어떻게 걸어가야 하는지를 차분히 밝혀 주는 안내서라고 할 수 있습니다.

그러나 《중용》을 12세기 주자의 방식을 따라 읽으면 많이 달라집니다. 사서를 편집하고 구성했던 송나라의 주자, 즉 주희(朱熹)는 성리학의 의도에 따라 《중용》을 이렇게 설명합니다.

사람의 본성은 사람이 스스로 만든 것이 아니라 하늘이 부여한 것으로 하늘의 명령, 즉 천리(天理)의 발현이다. 천지는 음양오행의 원리로 돌아가는데 인간의 본성 역시 이와 비슷한 선(善)과 인의예지(仁義禮智)로서 이 본성을 충실히 따라 살아야 한다.

성즉리(性卽理), 성이 곧 이치라는 성리학은 수백 년간 조선의 통치 철학이 됐습니다. 그러니 성리학은 공부를 한 사람들에게는 주기설, 주리설, 이기호발설, 이기일원론 등을 논하는 철학의 좋은 놀이터였지만 일반 백성의 삶에는 크게 도움을 주지 못했습니다.

《중용》의 구성

《중용》은 3,578자, 33장으로 구성됐습니다. 마음을 중용으로 다스리고 삶을 성실로 채운다면, 누구든 자신이 바라는 삶에 다가갈 수 있다는 희망과 흔들림 없는 긍정의 메시지를 담은 유가 철학 최고의 고전입니다. 원래는 《예기(禮記)》라는 책 속의 한

편(篇)이었으나 12세기 송나라 때 주자가 《논어》, 《맹자》, 《대학》과 함께 묶어 '사서'라고 이름 붙인 이후 독립된 고전으로 자리 잡았습니다.

《중용》은 공자의 말씀 17개 장과 자사의 말씀 16개 장으로 구성돼 있으므로 자사의 독창적인 사상만으로 이루어진 책은 아닙니다. 자사가 집필했지만 절반 이상이 공자의 말씀으로 채워져 있으며, 그 사이사이에 자사가 주장을 덧붙인 방식입니다. 《중용》의 주제는 크게 세 가지, 즉 중용, 도(道), 성(誠)입니다. 중용에 관한 내용이 약 10개 장, 도에 관한 내용이 15개 장 그리고 성에 관한 이야기가 8개 장입니다.

먼저 앞부분에서는 '중용'을 설명합니다. 중용을 설명하는 10개 장은 인간의 본성과 마음의 균형을 이야기합니다. 그중 2개 장은 자사의 말씀이고, 8개 장은 공자의 말씀을 인용했습니다. 인간의 본성[性]과 도, 중(中)과 중화(中和)의 개념을 정의하며 중용을 실천하는 것이 얼마나 어려운지를 이야기합니다. 그리고 안회(顏回)와 자로(子路), 순(舜)임금과 공자의 삶을 통해 그 고요함과 절제가 현실에서 어떻게 구현될 수 있는지 보여 줍니다. 자사는 공자를 중용의 덕을 완성한 성인(聖人)으로 결론짓습니다.

중간 부분에서는 '도'를 설명합니다. 도를 다룬 15개 장은 도의 길을 걷는 것이 얼마나 어려운지, 또 왜 그 길이 꼭 필요한지를 말합니다. 6개 장은 자사의 말씀이고, 9개 장은 공자의 말씀을 인용했습니다. 전설 속 순임금, 주나라의 문왕(文王)·무왕(武王)·주공(周公), 춘추 시대의 공자가 남긴 발자취는 도가 추상적인 개념이 아니라 실천의 길임을 증명합니다. 덕 없는 권력은 반드시 화를 부른다는 공자의 경고를 전하며, 군주가 천하에 도를 세우기 위해 무엇을 해야 하는지를 애공(哀公)의 사례를 들어 구체적으로 설명합니다. 마지막에는 공자를 다섯 가지 덕을 갖춘 성인으로 결론짓습니다.

그리고 뒷부분에서는 '성'을 설명합니다. 8개 장 모두 자사의 말씀입니다. 성실과 정성은 인간의 본성입니다. 성실과 정성이야말로 사람을 바꾸는 가장 확실한 방법이며, 누구에게나 통하는 모범 답안임을 강조합니다.

《중용》에서 찾는 잘 살기 위한 삶의 기둥

이 책을 쓰면서 가장 애먹은 일은 《중용》은 어렵다는 제 머릿속 인식을 허무는 것이었습니다. 사실은 그렇게 어려운 책이 아닌데, 해석서들이 너무도 어려워 그런 인식이 생겨난 것입니다. 800여 년 전 송나라 주자가 해석한 《중용》을 기반으로 2,400년 전에 쓰인 자사의 《중용》을 읽으려 하니 저의 지식이 절대적으로 부족하다고 느껴졌습니다. 주자의 신유학과 성리학을 이해하지 않고서는 따라잡을 수 없었기 때문입니다.

그런데 자사의 《중용》을 읽어 보니 굳이 주자의 성리학적 해석을 따르지 않는다고 하더라도 이해하지 못할 일은 아님을 알 수 있었습니다. 물론 주자의 성리학적 해석이 《중용》을 다양하게 이해하는 데는 큰 도움이 됐습니다. 또한 유학자였던 주자의 해석에는 당대에 필요했던 여러 요구와 의도가 담겨 있기에 그 나름의 의미가 있기도 합니다.

《논어》는 하나지만 조선 대와 현대의 해석이 다르듯, 《중용》도 그러하며 마땅히 달라야 한다고 생각합니다. 《논어》에 대해 조선 중기 율곡과 조선 후기 다산의 해석이 다르듯, 《중용》도 마찬가지입니다. 성리학이라는 철학을 기반으로 한 해석과 성리학이 사라진 시대의 해석은 달라야 합니다.

고전을 읽는 이유는 '어떻게 잘 살 것인가?'에 대한 답을 찾고 싶기 때문일 것입니다. 그런데 우리는 이미 그 답을 알고 있습니다. '나는 할 수 있다'는 긍정적인 사고와 올바른 태도로 열심히 계속해서 일하면 누구나 성공적인 인생을 만들 수 있다는 거죠. 자사가 《중용》에서 이야기하는 바가 바로 그것입니다.

자사의 주장을 첫째 나는 할 수 있다는 긍정적인 사고(신념), 둘째 올바른 태도(태도), 셋째 열심히(행동), 넷째 계속(지속) 등

크게 네 부분으로 나누어 볼 수 있습니다. 이를 《중용》에서는 다음과 같이 설명합니다.

❶ 나는 할 수 있다는 긍정(신념)

먼저 인간은 누구나 하늘처럼 존엄하고 귀한 존재라고 정의합니다. 하늘은 수십억 년 동안 한 치의 흔들림 없이 질서를 이어왔습니다. 낮과 밤은 교차하고, 계절은 어김없이 바뀌며, 별들은 정해진 궤도를 따랐습니다. 이 질서가 무너지지 않는 까닭은 단순합니다. 여기에는 '성실함'과 '정성'이라는 본성이 깃들어 있기 때문입니다. 우리가 자연이라고 부르는 모든 존재, 즉 바람과 비, 나무와 계절, 해와 달은 스스로 존재하는 듯 보이지만 사실은 치밀한 성실함의 질서 속에 있습니다. 수십억 년 동안 단 한 번도 멈추거나 게으름을 피운 적 없는 우주의 섭리는 그 자체로 성실과 정성의 극치입니다.

그래서 자사는 《중용》 첫머리에 이렇게 선언합니다.

하늘이 명한 것을 성이라고 한다.

天命之謂性

천명지위성

천명이 곧 인간의 본성이라는 뜻입니다. 하늘의 본성은 성실함이며 인간의 본성 또한 성실함입니다. 따라서 인간이 성실과 정성으로 살아갈 때, 천지가 번성하듯 인간의 삶도 번창할 수 있다는 이야기입니다. 성실하지 못하면 삶은 어두워지고, 깨어 있어도 잠든 것과 다르지 않습니다. 어떤 일이든 성실함이 바탕이 될 때 비로소 발전할 수 있습니다. 《중용》을 읽으면 나는 할 수 있다는 긍정적인 사고가 자연스럽게 생겨납니다.

❷ 올바르게(태도)

올바른 태도를 《중용》에서는 중화, 시중(時中), 집중(執中), 적중(的中)으로 이야기합니다.

중화는 감정이 조화로운 상태를 말합니다. 사람은 기쁨과 노여움, 슬픔과 즐거움을 품고 태어나는 감정의 동물입니다. 그러나 그 감정들이 아무 때나 또는 아무렇게나 흘러나올 때 삶은 불편해지고, 관계는 금이 가며, 세상은 조화를 잃습니다. 감정이 일어나되 지나치지 않고 조화롭게 절도가 있는 상태 또는 모두 절도에 맞는 것을 자사는 '화(和)'라고 정의했습니다. 기쁨이든 슬픔이든 감정이 아예 없는 것이 아니라, 감정이 드러날 때 지나치지도 부족하지도 않고 절도에 맞게 조화를 이루며 흐르는 상태입니다. 사람의 감정이 조화를 이루면 그 울림이 가정과 조직, 사회와 자연으로 퍼져 나갑니다.

시중은 가장 적당한 때를 의미합니다. 아무리 훌륭한 계획이라도 때를 놓치면 무용지물이 되고, 너무 서두르면 실패로 이어집니다. 때의 중요성은 아무리 강조해도 지나치지 않습니다. 공부도, 일도, 사업도, 사랑도 다 때가 있죠. 적절한 시기를 맞춘다는 것은 여간 정성을 들이지 않고는 불가능한 일입니다. 시중이란 바로 이처럼 흐름을 읽고, 자신의 노력을 가장 알맞은 순간에 집중시키는 지혜를 뜻합니다.

집중은 가운데를 잡는다는 뜻입니다. 시중이 일을 시작하고 마쳐야 할 때를 잡는 것이라면, 집중은 마음의 중심을 잡는 것을 의미합니다. 쉽게 말해, 흔들리지 않는다는 얘기입니다. 개인에게 집중은 마음의 균형을 지키는 일입니다. 성과가 잘 나오든 아니든 끝까지 흔들리지 않는 태도에서 비롯되는, 어떤 재능보다 필요한 능력입니다.

적중은 목표에 어김없이 들어맞음을 뜻합니다. 결과를 이루는 힘입니다. 화살을 쏘아 과녁을 정확히 맞히듯, 시작한 일을 끝내 결실로 만들어 내는 정성과 실천입니다. 중화와 시중과 집중이 있더라도, 마지막에 성취로 이어지지 않으면 헛수고가 됩니다.

중화가 없으면 마음이 흔들리고, 시중이 없으면 기회를 놓치고, 집중이 없으면 과정에서 흔들리며, 적중이 없으면 결실이 없습니다. 이 네 가지는 따로 떨어져 있지 않고 하나의 순환을 이 룹니다. 개인의 삶에서는 때를 읽고(시중), 흔들림 없이 중심을 지키며(집중), 끝내 성취하는 힘(적중)이 있을 때 비로소 꿈이 현실이 됩니다. 조직도 마찬가지입니다. 변화의 물결 속에서 시중으로 기회를 잡고, 집중으로 가치의 중심을 붙잡으며, 적중으로 성과를 완성할 때 비로소 지속 가능한 성장을 이룰 수 있습니다.

그러니 중용은 단순히 '치우치지 말라'는 말이 아닙니다. 우리 삶의 순간마다 언제, 어떻게, 어디까지 갈 것인가를 따져 보는 근본적인 문답이자 최적의 태도입니다.

❸ 열심히(행동)

열심히 행동하는 모습을 《중용》에서는 '성'이라고 하며 성실, 정성을 의미합니다. 한자를 풀어 보자면, 성(誠)은 말씀 언(言)과 이룰 성(成)으로 구성돼 '말을 이룬다'를 뜻합니다. 자기가 한 말을 이루려면 어떤 노력을 해야 할까요? 목표를 달성하기까지 어떤 역량이 가장 필요할까요?

바로 성입니다. 정성 없이 이루어진 가치 있는 일은 없습니다. 아무리 쉽거나 어렵든 간에, 정성 없이 이루어지는 일은 없습니다. 사람을 키우는 일도, 명예를 얻는 일도, 돈을 버는 일도, 가정을 건사하거나 나라를 경영하는 일도 마찬가지입니다.

성은 정성스러움과 성실함, 곧 마음의 깊은 정성과 행동의 꾸준한 성실함을 뜻합니다. 천지자연이 수천 년 동안 흐트러짐 없이 운행되는 까닭이 성에 있듯이, 자사는 인간이 지켜야 할 도리 역시 성에서 비롯된다고 봤습니다.

성실하지 못하면 밝아지지 못하기에 깨어 있어도 잠든 것과 같으며, 성인이 되어도 문화 세계·문명 세계의 주인으로 살아가기가 어렵다고 자사는 강조했습니다. 그러니 인간답게 살려면 하늘의 본성인 성실함을 자신의 본성으로 여겨 성실하게 살아가야 합니다. 성은 자사 철학을 대표하는 글자라고 할 수 있습니다.

❹ 계속(지속)

지속적으로 이어지는 일관된 모습을 용(庸)이라고 합니다. 할 수 있다는 긍정적인 사고와 신념, 중화·시중·집중·적중의 올바른 태도, 목표를 이루기까지의 정성과 성실을 지속적으로 밀고 나가는 것이 용이며 그것이 바로 중용의 온전한 뜻입니다.

'어떻게 잘 살 것인가?'

우리가 자주 던지는 이 질문에 《중용》이 주는 답은 간단합니다. 인간은 누구나 하늘과 같은 본성을 타고난다는 긍정적인 신념을 가지고 중용의 태도와 성실한 행동으로 지속적으로 나아가면 된다는 것입니다.

공자는 '수기치인(修己治人)'을 강조했습니다. 자신을 닦아 그 힘으로 세상을 다스린다는 뜻입니다. 자사는 그중에서도 특히 수기에 무게를 뒀습니다.《중용》은 결국 자기 마음을 단단히 세우는 수양서이며, 인간관계를 바르게 하여 사회를 평화롭게 하는 힘을 담고 있습니다.

《중용》의 핵심은 성(性), 도, 중, 성(誠) 네 글자입니다. 하늘이 부여한 본성을 따르고, 감정과 일의 균형을 지키며, 정성으로 사는 삶을 의미합니다.《중용》은 감정을 중화로 다스리고, 시중·집중·적중의 태도를 유지하며, 성실하게 살아가는 것이 곧 잘 사는 삶임을 일러 줍니다. 더 쉽게 표현하자면 사람은 감정의 동물이기에 상황에 맞게 적절한 감정을 표현하면서, 가장 적당한 때를 잡아 일을 진행하고, 성취할 때까지 일의 중심을 굳게 지키며, 늘 정확한 목표를 향해 정성스러운 마음으로 성실하게 살아가면 원하는 일을 이루고 원하는 삶을 살 수 있음을 각인해 주는 고전입니다.

· 차례 ·

시작하며 | 이제 《중용》의 시간, 오십에 다시 세우는 기준   005
자사의 《중용》 해설 | 《중용》의 잘사는 삶이란   013

제1강

하늘이 나에게 인생을 묻는다
오십의 소명

성패는 작은 일에 달려 있다 |정성| 033

정성은 본성이다 |질문| 040

인생을 이해하는 출발점이자 원리 |인문| 048

옳은 것이라면 흔들림 없이 밀고 가라 |절도| 056

하늘의 뜻을 알고 다시 일어서는 때 |천명| 061

나는 하늘처럼 태어난 존재다 |본성| 069

삶을 풀어 나가는 단 한 가지 |법칙| 074

보지 않아도 듣지 않아도 스스로 다잡아라 |신독| 080

나는 잘 살도록 설계된 사람이다 |선택| 089

믿어야 할 것 넘어서야 할 것 |기준| 095

제2강

모자람도 지나침도 없도록 힘쓰라

오십의 태도

감정이 관계를 좌우한다 |감정|	105
군자는 때를 가릴 줄 알지만 소인은 때를 가릴 줄 모른다 |시간|	113
흔들림 없이 제자리에 도달하라 |집중|	119
인생을 완성하는 균형과 때, 중심과 성취 |균형|	125
다시 배우려는 겸손한 사람이 지혜로운 사람이다 |편견|	133
마음을 치우침 없이 지켜 낸다는 것 |도전|	140
가슴에 깊이 간직하고 오래 지킬 수 있는 힘 |도리|	148
옳음을 지킬 수 있는 사람이 강한 사람이다 |용기|	154
지혜는 묻고 듣는 겸손에서 나온다 |물음|	161
눈에 띄지 않는다고 귀한 것이 빛나지 않으랴 |가치|	167

제3강

타인이 아니라 자신에게 구하라
오십의 인생

길은 여러 갈래여도 가야 할 길은 하나다 |인생|	177
혼자 완성되는 인간은 없다 |관계|	185
사람답게 살 수 있는 뿌리 |정도|	192
깨지기 쉬운 관계에서 끝까지 지켜야 하는 도리 |인륜|	199
멀리서 구하지 말고 주변을 보라 |한계|	206
길은 멀리 있지 않다 |충서|	212
자기 자리를 지키는 마음 |리더|	218
낮은 곳에서 시작하라 |출발|	227
자리와 권력보다 필요한 자신을 바로 세우기 |수양|	233
약한 사람을 강하게 만드는 방법 |반복|	240

제4강

성실한 마음이 만사를 바로 세운다
오십의 정성

성실은 사람을 바꾸고 사람은 세상을 바꾼다 |실현|　　　249

하늘과 같은 마음을 품어야 삶을 다시 일으킨다 |성실|　　　257

성실은 의지가 아니라 습관이다 |실천|　　　264

성실할수록 바로 서고 나태할수록 무너진다 |이치|　　　272

성실하면 미래가 보인다 |예지|　　　277

언제든 누구에게든 통하는 답은 있다 |원칙|　　　283

쉼이 없으면 오래가고 오래가면 무궁무진하다 |무한|　　　290

행복을 여는 두 개의 열쇠 |몰입|　　　297

중용을 이룬 현인들 |모범|　　　303

흔들리는 인생에 필요한 균형의 기술 |철학|　　　311

제1강

하늘이 나에게 인생을 묻는다

| 오십의 소명 |

성패는
작은 일에 달려 있다

| 정성 |

작은 일도 무시하지 말고 정성을 다해야 한다.

정성을 다하면 형상이 나오고

형상이 나오면 겉으로 드러나고

겉으로 드러나면 이내 밝아지고

밝아지면 남을 움직이게 되고

남을 움직이면 이내 변하게 되고

변하면 완전히 동화가 된다.

오직 지극한 정성만이

능히 변하게 할 수 있다.

曲能有誠 誠則形 形則著 著則明 明則動 動則變 變則化

唯天下至誠 爲能化

곡능유성 성즉형 형즉저 저즉명 명즉동 동즉변 변즉화

유천하지성 위능화

《중용》 제23장

    2014년에 개봉한 영화 〈역린〉은 조선 제22대 왕 정조의 암살 시도를 둘러싼 사건을 그린 사극입니다. 배우 현빈이 정조 역을 맡으며 개봉 전부터 큰 화제가 됐고, 극장 안팎으로는 정조라는 인물을 새롭게 조명하며 관심이 이어지기도 했습니다.

    영화 후반부에 긴장감이 고조된 순간, 정조가 신하들에게 질문합니다. 이때 등장한 이가 학식이 뛰어난 내관 상책(常策)으로, 배우 정재영이 연기했습니다. 정조의 물음에 상책은 중후한 목소리로 《중용》 제23장의 구절을 읊었습니다. 그에 빙의해서 당신도 다음 대사를 천천히 읽어 보길 바랍니다.

작은 일도 무시하지 않고 최선을 다해야 한다.

작은 일에도 최선을 다하면 정성스럽게 된다.

정성스럽게 되면 겉에 배어 나오고

겉에 배어 나오면 겉으로 드러나고

겉으로 드러나면 이내 밝아지고

밝아지면 남을 감동시키고

남을 감동시키면 이내 변하게 되고

변하면 생육된다.

그러니 오직 세상에서

지극히 정성을 다하는 사람만이

나와 세상을 변하게 할 수 있는 것이다.

많은 관객이 이 장면을 가장 기억에 남는 순간으로 꼽았습니다. 현빈이 연기한 정조의 모습도 강렬했지만, 정재영의 담담한 목소리로 전해진 《중용》의 이 구절은 오랫동안 관객들의 마음속에 남았습니다. 그것은 정조가 꿈꾸던 개혁의 길, 그리고 리더십의 철학을 응축한 외침이었습니다. 상책의 목소리를 통해 관객들은 정조가 가진 믿음을, 작은 정성이 쌓이면 마침내 세상을 바꿀 수 있다는 확신을 묵직하게 느낄 수 있었습니다.

《중용》 제23장은 '성'의 힘을 강조합니다. 성실함과 정성이 쌓이면 내면이 다스려지고, 그것이 겉으로 드러나 다른 사람을 감동시키며, 결국 세상마저 변화시킨다는 의미입니다.

영화 〈역린〉은 이렇게 《중용》을 다시금 세상으로 불러냈습니다. 먼지 쌓인 고전이 스크린에서 되살아났고, 관객들은 바로 눈치챘습니다. 작은 일에도 정성을 다하는 것이야말로 세상을 바꾸는 첫걸음이라는 것을 말입니다.

곡(曲)은 '소소한 일에도 마음을 곡진(曲盡)히 쓴다' 또는 '매사에 빈틈없이 한다'는 뜻입니다. 비록 작은 일이라고 해도 하고자 하는 일에 정성을 들이고 성실히 임하면, 그 일을 하고자 하는 내면의 바른 이치가 분명하게 그려집니다. 마치 그림이나 설계도처럼 형상화가 되면 더욱 분명하게 드러나고, 분명해지면 목표나 목적이 명확하게 밝아지고, 마치 눈에 보이듯 밝아지면 드디어 몸과 마음이 움직이게 됩니다.

행동으로 움직이면 변하게 됩니다. 나도 변하고 세상도 변하고 생각도 변하면 과거와는 완전히 다르게 물리적 변화, 화학적 동화가 일어납니다. 과거와는 전혀 다른 사람, 전혀 다른 물건, 전혀 다른 생각, 전혀 다른 행동으로 완전히 바뀌는 겁니다.

오십 이후 거창한 계획보다

큰 그림이 아무리 좋아 보여도 작은 하나를 놓치면 공든 탑이 무너질 수 있습니다. 오십이 되기까지 많은 경험을 쌓았더라도 인생 후반을 시작하는 문턱에서는 작은 글씨 속 조건, 보고서의 한 줄, 약속의 세세한 부분이 앞날을 가를지도 모릅니다. 성공과 실패의 차이는 거대한 비전이 아니라 그 비전을 지탱하는 작은 디테일에 달려 있다는 것을 잊지 말아야 합니다.

40대 중반에 명예퇴직을 선택해 회사를 나왔을 때 저와 함께 퇴직한 동료들의 가장 큰 관심사는 자영업과 프랜차이즈였습니다. 직장이라는 구속에서 벗어나 주인으로서 자유로움을 만끽할 수 있는 작은 사업이나 가게는 퇴직자들에게 믿음직한 대안처럼 보였습니다. 집과 회사만 오가는 생활을 계속해 왔기에 경험이 없어도 할 수 있다는 프랜차이즈 역시 마찬가지였습니다. 문제는 작은 카페든 프랜차이즈든 악마는 늘 디테일에 숨어 있다는 것이었죠. 자사가 이미 2,400년 전에 지적한 치곡(致曲), 즉 소소한 일을 극진히 하는 것의 문제였습니다.

작은 카페 하나 열어 볼까? 아침 햇살이 들어오는 창가에 앉아 커피 향을 맡으며 정답게 손님을 맞는 장면을 상상하면 마음이 설레죠. 하지만 현실은 상상과 다릅니다. 카페 인테리어보다 더 중요한 것은 임대차 계약서의 작은 글씨입니다. 권리금은 어떡하지? 임대료는 몇 년마다 오르지? 나중에 가게를 정리할 때는 어떤 조건이 붙을까? 이 디테일을 놓치면, 카페를 정리할 때 생돈 몇천만 원을 물어내야 할지도 모릅니다. 유동 인구가 많아 보이는 거리도 실제로는 '소비하지 않는 사람들의 길'일 수 있습니다. 숫자를 세고, 소비 패턴을 분석하고, 매출 구조를 따져 보지 않으면 좋은 입지가 한순간에 무덤이 되기도 합니다. 커피 맛보다 먼저 계약서 한 줄을 꼼꼼히 신경 쓰는 것, 이것이 제2의 인생에서 실패를 막는 치곡의 지혜입니다. 악마는 디테일에 있기 때문입니다.

    40대 중반이면 너무 이른 퇴직이라고 생각하겠지만 당시에는 꼭 그렇지도 않았습니다. 대기업에서 20여 년을 열심히 일했으니 이 정도면 회사를 떠나 자유롭게, 인간답게 살 수 있으리라는 자만심이 가득했습니다. 밖으로 나와 짧으면 2~3년 길어도 3~4년만 준비하면 제가 잘할 수 있다고 생각하는 자유로운 강사의 삶이 펼쳐질 줄 알았습니다. '20년의 조직 경험을 나누며 자유롭게 살아가는 강연가'라는 장밋빛 꿈만으로도 가슴이 뛰었습니다.
    하지만 그런 삶은 열정만으로 결정되지 않는다는 사실을 알기까지 15년이 넘는 시간이 걸렸습니다. 퇴직 후 반년도 안 돼 저는 월급에 무릎을 꿇어야 했습니다. 매달 생활비는 들어가는데 월급은 사라졌으니까요. 통장에서 돈 빠져나가는 속도가 퇴직 전보다 두 배나 빠르다는 사실을 체감하면서 밥줄을 놓치면 꿈줄도 놓친다는 사실을 알게 됐습니다.
    결국 강연은 미뤄 두고 돈을 벌어야 했습니다. 강연으로 버는 수입이 비즈니스로 버는 수입과 같아지면 미련 없이 비즈니스를 정리하고 강연가로 돌아서겠다는 자신과의 약속을 지키는 데 무려 15년이라는 시간이 걸렸습니다. 그러니 어떤 일을 하든 이 디테일을 놓치면 10년, 15년은 고생해야 복구된다는 생각을 지울 수가 없습니다.

비록 작고 소소한 일일지라도 그 일에 정성을 다하고, 마음을 다해 성실히 임하면 내면의 방향이 분명해지고, 그 방향은 행동을 낳고, 행동은 변화로 이어집니다. 이 변화는 단순한 성격 개선을 넘어 한 사람의 삶 전체를 바꾸고, 주변 사람에게까지 확산되는 물리적 변화이자 화학적 반응입니다.

작게 시작하여 많은 사람에게 영향을 주고 그들의 삶에 긍정적인 변화를 만들기까지 시간이 얼마나 필요하든, 그것은 큰 문제가 아니라고 생각합니다. 비록 작고 소소한 일이지만 그 일에 정성을 다하고 있는지, 그 단계를 넘었다면 분명 어떤 형태로든 결과가 나오고 있는지, 결과가 나오고 있다면 외부로 점점 드러나고 있는지, 외부로 드러나고 있다면 남들에게 선한 영향력을 미치고 있는지, 선한 영향을 미치고 있다면 그들 역시 긍정적으로 변하고 있는지, 그래서 좋은 세상이 되는 데 나의 작은 힘이 도움이 되는지. 이 변화의 7단계에서 나는 어디쯤 가고 있는지를 생각하게 됩니다. 2,400년 전 《중용》의 가르침이 오늘날의 세상에도 여전히 중요함을 생각합니다.

정성은 본성이다

| 질문 |

하늘의 명을 성이라고 하고

성을 따르는 것을 도라고 하며

도를 닦는 것을 교라고 한다.

天命之謂性 率性之謂道 修道之謂教

천명지위성 솔성지위도 수도지위교

《중용》 제1장

얼마 전, 짧은 외신 기사 하나를 봤습니다. 미국 오하이오주의 한 호수에서 믿기 어려운 사건이 벌어졌습니다. 어머니가 네 살

배기 아들을 호수에 던져 죽게 한 것입니다. 그녀는 경찰 조사에서 '아이를 하나님께 바쳤다'는 말을 반복했답니다. 사건의 전모는 더욱 참혹합니다. 남편 역시 호수에 뛰어들어 목숨을 잃었고, 그녀는 다른 세 명의 자녀에게도 물에 들어가라고 강요한 것으로 드러났습니다. 다행히 세 아이는 목숨을 건졌지만, 그들이 겪었을 두려움과 상처는 쉽게 아물지 않을 것입니다.

뉴스를 읽으며 마음이 무거웠습니다. 어떻게 부모가 자기 아이를 죽음으로 몰아갈 수 있을까? 종교적 착각이나 깊은 불안이 사람의 마음을 지배하면 가장 소중한 사랑조차 무너질 수 있다는 것을 보여 주는 비극이었습니다. 마음의 병은 언제든 폭력으로 이어질 수 있고, 믿음이든 생각이든 그것이 사람을 덮어 버리면 삶을 붙드는 마지막 이성마저 무너진다는 사실이 너무 안타까웠습니다.

같은 날 저녁 tvN의 예능 프로그램 〈유 퀴즈 온 더 블록〉에 출연한 빌 게이츠는 자신의 두 번째 인생을 이야기하며, 전 재산의 99퍼센트를 사회에 환원하겠다고 했습니다. 자기 재산을 자신만을 위해 쓰고 싶지 않다고 담담히 이야기했습니다. 그는 자녀들에게 재산을 물려주지 않겠다고도 했습니다. 부모의 성공에 기대어 살아가는 대신, 자기 길을 찾고 자기 힘으로 일어서야 한다는 믿음 때문이었습니다. 어쩌면 이것은 그 자신이 어린 시절부터 남달랐기 때문에 더 확신할 수 있었던 철학일지도 모릅니다.

  그는 어릴 적 지금의 기준으로 보면 자폐 스펙트럼 진단을 받을 수도 있었을 정도로 사회성이 부족하고 특정 관심사에만 몰두하는 아이였답니다. 또래들과 어울리기보다는 책과 컴퓨터에 빠져 있었죠. 하지만 바로 그 몰입과 집요함이 세상을 바꾼 마이크로소프트의 출발점이 됐습니다. 어린 시절의 결핍이 오히려 강점이 되어 한 사람의 삶을 이토록 특별하게 만든 셈입니다.

  그는 성공을 자랑하기는커녕 오히려 자기가 '세상에서 가장 운이 좋은 사람'이라고 겸손하게 표현했습니다. 그를 바라보며 인생의 진짜 성공은 내가 얼마나 얻어 내고 얼마나 움켜쥐고 있느냐가 아니라 내가 세상에 얼마나 내어주고 얼마나 되돌려 주느냐에 달려 있다는 생각이 들었습니다. 물론 TV 화면을 떠나 현실로 돌아오면, 머릿속이 금세 하얗게 비어 버릴지도 모르지만 말이죠.

끝없이 반복되는 질문에 대한 자사의 생각

그래서 우리는 이 쉽지 않은 질문에 종종 마주 서게 됩니다.

'나는 누구인가? 그리고 어떻게 살아야 하는가?'

평범한 일상에서는 깊이 다가오지 않지만 유명한 인물의 고백이나 설명할 길 없는 비극적인 사건 앞에 섰을 때, 우리는 이런 물음을 외면할 수 없게 됩니다. 같은 날 접한 두 사건은 너무도 다른 결말을 보여 주지만, 동시에 같은 질문을 던집니다. 우리는 어떤 기준으로, 어떤 행동으로, 어떤 신념으로 살아야 하는가.

우리가 살아가는 이 세상은 헤아릴 수 없는 시간을 넘어 지금까지 이어져 왔습니다. 수십억 년의 세월을 품었고, 또 수십억 년을 더 이어 갈지도 모릅니다. 그 앞에 서면 문득 이런 생각이 들죠.

'과연 어떤 말로, 어떤 형용사나 동사로 이 유구함을 온전히 표현할 수 있을까?'

혹시 우주와 세상을 붙잡아 주고 변함없이 흐르게 하는 본질이 있다면, 그것은 무엇일까요? 아니, 그런 본성이라는 것이 애초에 존재하기는 할까요? 끝없이 이어지는 시간의 굴레 속에서 우리는 가끔 자신에게 묻습니다.

'나는 누구인가?'

어쩌면 이는 오래된 우주의 침묵 속에서 인간만이 품을 수 있는 가장 근원적인 질문일지도 모릅니다.

2,400년 전, 공자의 손자이며 유학자였던 자사는 하늘의 본성과 인간의 본성이 다르지 않다고 생각했습니다. 수십억 년을 끌고 내려온 하늘의 본성과 인간의 본성이 같다고 결정한 것입니다.

하늘의 명이 인간의 본성이다.

그의 주장이 맞고 틀리고는 차치하더라도 2,400년의 세월이 흐른 지금까지도 회자되고 있다는 것은 매우 큰 의미를 지닙니다.

천명(天命)은 하늘의 명령 또는 자연의 법칙입니다. 성(性)은 '태어날 때부터 가지고 있는 마음'이라는 뜻으로 사람의 본성이나 천성을 말합니다. '하늘의 명이 인간의 본성'이라는 자사의 정의는 자연의 법칙과 인간의 법칙이 다르지 않음을 이야기한 것입니다. 그러니 하늘의 법칙을 알면 인간의 본성도 자연스럽게 알게 된다는 의미이기도 합니다.

자사는 《중용》에서 자연이 섭리대로 돌아가는 이유가 '정성'이라고 반복해서 말합니다. 정확히는 자사의 말이 아니라 공자의 말씀을 인용한 것입니다. 천지자연이 수십억 년 동안 일각의 어긋남도 없이 정밀하게 유지돼 온 이유는 정성이 바탕이 됐기 때문이며, 인간 역시 자연의 일부이기에 태어날 때 이미 정성을 본성으로 지니고 나온다는 의미입니다. 그것이 바로 '천명지위성'입니다.

《중용》제1장에 따르면 사람은 누구나 '정성'이라는 본성을 가지고 태어납니다. 물론 각자의 기질이나 환경에 따라 그 정성을 잘 활용하여 훌륭한 사람이 되기도 하고 잘 활용하지 못해 비난받는 사람이 될 수도 있겠지요. 다만 자사가 생각한 바는 하늘의 천성인 정성을 우리가 가지고 태어난다는 사실을 인지해야 한다는 것이었습니다. '그것이 바로 나'라는 자긍심을 가지고 사는 것이 무엇보다 중요하다고 강조한 거죠. 인간은 누구나 자연만큼이나 훌륭한 조건을 가지고 태어나는 존재임을 인식해야 한다는 것입니다.

그 본성을 따르는 것이 도다.

사람의 본성인 정성을 따라 정성스럽고 성실하게 살아가는 것이 인간이 가야 할 길이자 도리라고 자사는 말합니다. 바로 '솔성지위도'입니다. 하늘이 한 치의 어김도 없이 성실하게 운행되듯, 인간 또한 정성을 다해 살아가는 것이 본성을 따르는 길이라는 뜻이죠.

빌 게이츠는 어린 시절 자폐 성향이 있을 정도로 사회성은 부족했지만, 컴퓨터와 학문에 정성을 다했습니다. 그 몰입이 결국 세상을 바꾸는 혁신으로 이어졌습니다. 그의 기부 역시 단순한 돈의 분배가 아니라 인류의 고통을 덜기 위한 깊은 성찰과 정성의 결과일 것입니다. 본성을 따르는 길은 이처럼 인간과 세상을 이롭게 하는 삶으로 드러납니다.

반면 오하이오에서 일어난 비극은 본성을 잃은 결과라고 할 수 있습니다. 《중용》에 따르면 인간의 본성은 정성스러운 마음과 성실한 태도인데, 그 정성이 왜곡돼 망상에 갇히면 사랑이 아닌 폭력이 됩니다. 아들을 하나님께 바친다는 말은 겉으로는 신앙처럼 보이지만, 본질적으로는 인간의 본성을 거스르는 행위입니다.

빌 게이츠는 인류 전체를 향한 긍정적 영향에서 신념을 찾았습니다. 반면 오하이오의 아이 어머니는 자기 망상 속의 종교적 환상에 신념을 가뒀습니다. 신념은 언제나 인간의 본성과 연결되고 본성이란 곧 정성과 성실이기에, 참된 신념으로 사람을 살리고 세상을 조금 더 나아지게 만들어야 했는데 말이죠.

《중용》은 우리에게 극단으로 치우치지 않는 삶을 강조합니다. 중간을 의미하는 것이 아니라 본성을 따라 균형 잡힌 삶을 사는 것입니다. 정성을 다하면 삶은 긍정적이고 발전적인 방향으로 흘러갑니다. 작은 일에도 성실함을 다하고, 관계 속에서 진심을 다하며, 사회와 세상 앞에서 책임을 다하는 것. 그것이 바로 자사가 제안하는 삶의 기준일 것입니다.

오십이 돼도 흔들립니다. 나는 누구인가? 어떻게 살아야 하는가? 50년을 살아도 답하기가 쉽지 않습니다. 정답은 없다지만 모범 답안까지 없는 것은 아닐진대 확신이 서지 않습니다. 그런데 오래된 《중용》이 우리에게 정성을 제안합니다. 삶의 길목에서 우리는 매일매일 선택을 합니다. 어떤 기준으로, 어떤 행동으로, 어떤 신념으로 살아갈 것인가. 그 답은 멀리 있지 않습니다. 정성을 다해 성실하게, 본성을 잃지 않고 살아가는 것. 그것이 곧 《중용》의 가르침이며, 어쩌면 우리가 인간으로서 지켜야 할 가장 소중한 삶의 태도일지도 모릅니다.

인생을 이해하는
출발점이자 원리

| 인문 |

정성이 지극하면 닥쳐올 일도 미리 알 수 있다.

至誠之道 可以前知

지성지도 가이전지

《중용》 제24장

 오십에 읽는 사서는 지루한 고전이 아니라 삶을 완성해 가는 인생 교과서가 될지도 모릅니다. 사람 냄새 나는 가르침이 담긴 《논어》에서 우리는 삶의 기본과 사람다움을 알게 됩니다. 인간의 본성과 정정당당한 삶을 다룬 《맹자》에서는 기개와 의리를 느끼게 됩니다. 삶의 큰 틀을 정리하는 《대학》에서는 인생 후반의 큰 그림을 생각해 볼 수 있습니다.

삶이 나에게 무엇을 원하는지를 다룬 《중용》에서 우리는 삶의 균형과 인생의 무게를 점검해 볼 수 있습니다. 인생을 어떻게 살아야 하는지 그 길이 궁금하다면 한 번은 진지하게 읽어야 할 책이 바로 《중용》입니다.

고전은 누구에게나 이롭지만 선뜻 손이 가는 책은 아닙니다. 나이가 오십이라고 하여 고전이 더 필요한 것은 아니지만, 오십을 지나면서도 읽지 않는다면 고전을 읽을 기회가 영영 없을지도 모릅니다. 혹여 삼십이나 사십에 읽지 못했다면 오십은 고전을 읽기에 가장 좋은 시기입니다. 50년이라는 경험의 시간은 결코 소소한 것이 아니기 때문입니다.

동양 고전을 선호하는 사람이 따로 있는 것은 아니지만 우리가 동양인이라 조금은 가벼이 여기는 경향이 있는 것도 사실입니다. 한편으로는 우리가 동양인이라 더 가깝게 느껴지기도 하고요. 사서삼경(四書三經)은 고루하게 보이지만 설령 고루하다고 하더라도 불필요한 책은 아닙니다. '공자 왈 맹자 왈' 식의 오래된 선입견이 없다고는 할 수 없지만, 그 선입견 때문에 정작 인생의 깊은 통찰력을 놓친다면 큰 손실이 아닐 수 없습니다.

저는 나이 오십에 천자문을 읽기 시작했습니다. 물론 어떤 목적이 있어서 시작한 것은 아닙니다. 천자문은 사자성어로 구성된 250개의 명구로 적재적소에 가져다 쓰면 많은 도움이 되기에 점심을 먹은 후 산책하면서 어구들을 하나둘 외웠습니다. 1년 정도의 시간이 지나니 천자문 대부분의 의미를 알게 됐습니다. 이후 서점을 방문했을 때 《논어》가 눈에 들어왔습니다. 그전에도 수없이 서점을 갔지만, 무심히 지나쳤던 《논어》가 손에 잡혔습니다. 한자가 조금 익숙해지면서 제 인생에 《논어》가 들어온 것입니다.

  나이 오십 넘어 읽기 시작한 《논어》가 저의 인생 후반을 완전히 바꿔 놓으리라고는 상상조차 하지 못했습니다. 50년 동안 외면했던 《논어》의 진가를 발견하기까지 많은 시간이 필요하지는 않았습니다. 지난 50년의 인생 경험이 2,500년의 세월을 지속해온 《논어》에 그대로 담겨 있었습니다. 그 오랜 시간이 지났음에도 마치 어제의 일을 적어 놓은 것처럼 명확하게 다가왔습니다. 고전을 왜 읽어야 하는지 저는 《논어》를 읽으면서 단박에 알았습니다.

  《논어》를 시작으로 지금까지 많은 동양 고전을 읽었습니다. 물론 서양 고전에도 관심이 많지만, 동양 고전 읽기에도 시간이 부족한 탓에 아직 도전하지 못하고 있습니다. 사서삼경은 물론 사마천(司馬遷, BC 145?~BC86?)의 《사기(史記)》를 비롯하여 제자백가 사상가들의 고전 속에서 행복한 시간을 보내고 있습니다.

오십을 다시 세우는 사서삼경

사서는 《논어》, 《대학》, 《중용》, 《맹자》를 말합니다.

《논어》는 공자의 제자들과 그 후학들이 스승과의 문답을 기록하여 엮은 책입니다. 1만 5,691자로 되어 있으며 비교적 짧은 문장으로 인(仁)과 예(禮), 군자(君子)와 소인(小人), 학문과 정치, 효와 경에 이르는 다양한 주제를 녹여 냈습니다. 《논어》를 읽으면 마치 공자와 제자들이 눈앞에서 대화를 나누는 듯 생생하게 느껴집니다. 꾸밈없고 다듬어지지 않은, 날것 그대로의 울림을 지닌 문장들 속에서 우리는 인간을 사랑하는 마음, 관계를 세우는 예, 리더로 살아가기 위한 길을 배우게 됩니다. 《논어》는 '바르게 살아가는 길이 무엇인가?'라는 물음에 대한 가장 진솔한 답변이 되어 주는 고전이기도 합니다.

공자의 제자인 증자가 쓴 《대학》은 1,700여 자로 이루어진 얇은 책으로, 자신을 닦아 세상을 이롭게 하는 길을 제시합니다. 격물(格物)·치지(致知)·성의(誠意)·정심(正心)·수신(修身)·제가(齊家)·치국(治國)·평천하(平天下)라는 흐름 속에서 '어떻게 큰 사람이 될 것인가', '어떻게 리더로서 올곧게 설 것인가'를 보여 주는 지도와도 같은 책입니다. 덕을 밝히고 백성을 새롭게 하며 선에 도달케 하려는 원대한 목적을 가지고 제작된 고전입니다.

공자의 손자 자사가 쓴 《중용》은 3,578자로 이루어진 짧은 고전이지만, 인간을 하늘과 동등한 존재로 격상시켜 인간의 가능성을 최고조로 높인 긍정의 철학서라고 할 수 있습니다. 《중용》은 성실과 정성, 균형과 조화 속에서 인간답게 사는 도리를 일깨워 줍니다.

《맹자》는 3만 5,000여 자에 이르는 방대한 분량으로, 인간의 본성이 선하다는 믿음과 그 선을 지켜 내기 위한 의지의 중요성을 말하며 의를 이익보다 앞세우는 삶을 강조합니다. 또한 민본주의와 왕도 정치사상을 통해 백성이 나라의 근본이며 군주는 그 근본을 위해 도덕적으로 통치해야 한다는 원칙을 세웠습니다. 《맹자》를 읽으면 뜨겁고 정의로운 호연지기의 기개를 만날 수 있습니다.

삼경은 《시경(詩經)》, 《서경(書經)》, 《주역(周易)》을 말합니다. 《시경》은 노래와 시를 통해 인간의 희로애락을 담아내고, 《서경》은 고대 왕조의 기록을 통해 정치의 바탕을 가르쳐 주며, 《주역》은 변화의 이치를 통해 세상의 원리를 이해하도록 돕는 경서입니다.

사서삼경은 동양 고전 가운데 가장 널리, 가장 오랫동안 읽힌 책입니다. 이 책들은 단순한 학문적 텍스트를 넘어 오랜 세월 동안 인간이 어떻게 살아야 하는지, 사회가 어떻게 굴러가야 하는지를 비추는 나침반이 됐습니다. 일곱 권의 고전은 서로 다른 목소리를 내지만, 결국 하나의 길로 모입니다. 인간은 홀로 살아갈 수 없으며, 관계 속에서 자신을 닦고 세상을 이롭게 해야 한다는 것입니다.

그중에서도 특히 사서는 공자와 제자들의 학문적 전통 속에서 태어난 각기 독립된 저작입니다. 12세기 후반 남송 시대의 유학자 주희가 사서로 묶어 체계화하면서 인격 수양과 학문의 입문서로 자리매김했습니다. 주희는 사서를 통해 누구나 성인의 길에 들어설 수 있다고 믿었으며, 이후 조선 성리학자들에 이르기까지 수백 년간 학문과 교육의 기본이 됐습니다.

사서는 옛 책을 넘어 우리의 인생 단계를 비추는 거울에 가깝습니다. 50세 이후에 다시 읽는 사서는 단순한 학문이 아니라 내 삶을 완성해 가는 인생 교과서에 가깝습니다. 다산 정약용은 사서의 읽기 순서를 《논어》, 《맹자》, 《중용》, 《대학》으로 들었고, 율곡 이이는 《논어》, 《맹자》, 《대학》, 《중용》으로 들었습니다. 사람 냄새 나는 가르침이 담긴 《논어》에서 삶의 기본과 사람다움을, 인간의 본성과 기개를 다룬 《맹자》에서 기개와 의리를, 삶의 큰 틀을 정리하는 《대학》에서 인생의 큰 그림과 책임을, 인생의 궁극적 지혜를 탐구하는 《중용》에서 삶의 균형과 인생의 깊이를 배울 수 있다고 했습니다.

《중용》은 단지 철학적 개념을 나열한 글이 아닙니다. 자사는 공자의 가르침을 한 세대 뒤에 다시 풀어내며 하늘과 인간의 본성을 어떻게 조화시킬 것인지, 그리고 그 길에서 어떻게 흔들림 없이 살아야 하는지를 보여 주었습니다. 자사는 신독(愼獨) 정신을 계승했고, 그것을 바탕으로 '성이 곧 하늘의 도'라는 확신을 남겼습니다. 그래서 《중용》이 성실과 정성, 긍정과 열정의 인문학으로 읽히는 것입니다.

《중용》은 하늘과 인간의 도리를 밝히는 철학의 근본이었고, 《논어》는 공자의 생생한 말씀을 통해 일상의 도를 가르치는 교과서였으며, 《대학》은 수기치인의 큰 틀을 잡아 주는 학문의 지침서였고, 《맹자》는 뜨겁고 실천적인 정의를 주장한 경서입니다. 이 네 권은 각기 다르면서도 서로 연결돼 하나의 커다란 인간학(人間學) 또는 리더학을 완성합니다. 사서는 단순히 고전의 집합이 아니라 한 사람의 삶을 바꾸고 세상을 바꿀 수 있는 지혜의 원천입니다. 특히 《중용》은 그 사서의 맨 앞에서 하늘의 도리를 인간의 마음과 삶으로 불러오는 역할을 했습니다.

'하늘의 성품을 본받아 성실과 정성으로 살아가라. 그러면 누구든 성인의 길에 들어설 수 있다.'

이 단순하지만 뜨거운 메시지는 1,000년이 넘는 세월 동안 수많은 사람의 마음을 붙들어 주었습니다. 그리고 오늘을 사는 우리에게도 여전히 가장 따뜻하고 단단한 길잡이가 되어 줍니다.

옳은 것이라면
흔들림 없이 밀고 가라

| 절도 |

희로애락의 감정이 발하기 전을 중이라고 하고
발하되 모두 절도에 맞음을 화라고 한다.
喜怒哀樂之未發 謂之中 發而皆中節 謂之和
희로애락지미발 위지중 발이개중절 위지화

《중용》 제1장

    우리는 일상에서 '중용'이라는 말을 자주 사용합니다. 누군가가 한쪽으로 치우치면 중간을 택하는 것이 중용이라고 말하고, 갈등이 생기면 적당히 타협하는 것이 중용이라고 조언하기도 합니다. 또 정치 영역에서도 중도를 중용이라고 부르고, 지나치지 말라는 뜻의 과유불급을 중용과 같은 맥락으로 이해하기도 합니다.

하지만 0점과 100점 사이의 50점을 중간이라고 부를 수는 있을지라도 그 점수가 바람직하거나 옳다고 말하기는 어렵습니다. 단순히 가운데에 있다고 해서 그것이 곧 지혜를 의미하지도 않습니다. 중용은 단순히 중간을 택하거나 무난하게 타협하는 태도를 뜻하지 않습니다. 상황과 맥락에 가장 알맞은 지점 그리고 사람다움이 가장 빛나는 자리를 찾는 것, 그것이 더 중용에 가깝습니다. 그래서 중용은 적당한 편안함이 아니라 오히려 가장 치열하고 가장 정성스러운 선택의 다른 이름입니다.

나이가 오십을 넘어서면 중용의 의미가 더 깊게 다가옵니다. 예전에는 잘 다스려지던 감정이 자주 요동칩니다. 사랑의 설렘보다는 분노와 짜증이 먼저 올라오고, 기쁨보다는 슬픔이 더 크게 다가옵니다. 새로운 만남은 줄어들고 이별은 점점 늘어 갑니다. 그래서일까요, 감정을 추스르는 힘도 예전만 못합니다. 순간적으로 격해졌다가 금세 허무해지고, 사소한 일에도 외로움이 불쑥 밀려듭니다. 그렇기에 오십의 감정에는 더더욱 중용이 필요할지도 모릅니다.

절도 있는 감정이 필요한 나이

조금 더 들어가 보겠습니다. 자사는 중용의 '중'을 이렇게 정의합니다.

희로애락의 감정이 발하기 전을 중이라고 한다.

《중용》을 처음 읽을 때 저는 이 문구 앞에서 읽기를 멈춘 적이 여러 번이었습니다. 어떻습니까? 바로 이해되시나요? 어려운 문장은 아니지만 뜻이 쉽게 이해되지는 않을 것입니다. 자세한 설명은 제2강에서 하기로 하고 여기서는 일단 진도를 나가 보겠습니다.

자사는 '중'을 기쁨·노여움·슬픔·즐거움과 같은 감정이 일어나기 전의 고요한 상태라고 정의했습니다. 인간에게 감정이 없는 상태가 존재할 수 있는지 아닌지는 정확히 모르지만 일단 그런 상태가 있다면 그것을 중이라고 한 것입니다.

그러고는 바로 '화'를 설명합니다. '화하다, 서로 응하다, 조화, 화합' 등의 단어에 쓰이는 글자입니다.

감정이 일어나되 모두 절도에 맞음을 화라고 한다.

'화'는 감정이 일어나되 절도에 맞는 상태를 의미한다는데 이것은 또 무슨 말일까요? 어떤 감정도 일어나지 않은 평온한 상태를 '중'이라고 하고, 감정이 생겼을 때 당시의 상황과 가장 조화롭게 발산하는 것을 '화'라고 정의합니다. 알 듯 말 듯 아리송합니다.

희로애락은 인간이라면 누구나 경험하는 자연스러운 감정입니다. 하지만 기쁨이 지나치면 방종이 되고, 분노가 지나치면 파괴를 불러오며, 슬픔이 지나치면 좌절로 이어지고, 즐거움이 지나치면 방탕에 빠지게 됩니다. 중화는 감정을 억누르라는 것이 아니라 감정을 드러내되 때와 상황에 알맞은 절도 있는 방식으로 표하라는 의미입니다.

이를테면 기쁜 일이 있을 때는 즐거워하되 그것을 혼자만 누리지 않고 나누어야 하며, 화가 날 때는 자신의 뜻을 분명히 드러내되 상대를 상하게 하지 않고 서로를 지켜 내는 것이 중화입니다. 절제 있고 균형 잡힌 감정 표현이야말로 인간관계를 조화롭게 하고 사회를 건강하게 하는 힘이 되기 때문입니다.

중화는 중과 화가 조화를 이룬 상태를 가리킵니다. 상황에 가장 알맞게 절도 있는 길을 실천한다는 의미죠. 중화를 지속적으로 실천하는 것이 바로 중용입니다. 특히 용에는 '항상'이라는 뜻이 있습니다. 즉 중용은 언제 어디서나 늘 중의 길을 찾아가는 적극적인 태도를 말합니다. 많은 사람이 중용을 마치 극단을 피하고 모호한 태도를 지키는 것으로 생각하지만, 중용은 결코 어정쩡한 중립이나 소극적 회피를 의미하지 않습니다. 중용은 분명히 옳은 것을 선택하고, 그 선택을 흔들림 없이 밀고 나가는 힘입니다.

하늘의 뜻을 알고
다시 일어서는 때

| 천명 |

하늘의 명을 성이라고 하고

성을 따르는 것을 도라고 하며

도를 닦는 것을 교라고 한다.

天命之謂性 率性之謂道 修道之謂敎

천명지위성 솔성지위도 수도지위교

《중용》 제1장

오십에 천명을 알았다.

五十而 知天命

오십이 지천명

《논어》〈위정편〉 제4장

명을 알지 못하면 군자가 될 수 없다.

不知命 無以爲君子也

부지명 무이위군자야

《논어》〈요왈편〉 제3장

공자는 《논어》에서 오십을 일컬어 지천명(知天命)이라고 했습니다. 하늘의 명을 알았다는 뜻이죠. 그렇다면 공자는 무엇을 자신의 천명으로 여겼을까요? 공자는 젊어서부터 정치에 뜻을 뒀지만, 실제로는 오십을 넘어서야 그 길로 나설 수 있었습니다. 나이 오십에 작은 읍의 관리자로 시작해 사구와 대사구를 거쳐 재상의 역할을 하게 됐지만, 55세쯤에 이 모두를 놓아야 했습니다. 5년 남짓한 그 짧은 기간에 공자가 온 힘을 다해 추구한 것은 바로 덕의 정치였습니다.

그에게 천명이란 권력을 누리는 것이 아니었고, 백성을 어루만지고 세상을 바르게 세우려는 도덕적 책임이었습니다. 혼란과 전쟁 속에서 고통받던 춘추 시대의 백성들을 덕으로 다스려 평화를 이루는 것, 그것이야말로 공자가 하늘이 자신에게 부여했다고 믿은 소명이었습니다. 공자가 말한 지천명이란, 자신의 삶을 관통하는 하늘의 부름을 깨닫고 그 길에 자신을 온전히 내어놓는 것이라고 할 수 있습니다. 공자에게 그 길은 덕의 정치를 실현하여 백성을 구하는 것이었습니다.

《논어》의 마지막 문장

어쩌다 보니 오십이 된 사람들이 적지 않습니다. 어쩌다 보니 그것이 연애였고, 어쩌다 보니 그것이 결혼이었습니다. 어쩌다 보니 학부모가 됐고, 사원·대리·과장·부장을 거치며 어느덧 오십이 됐습니다. 매 순간 최선을 다했지만, 정신없이 밀려오다 보니 어느 날 갑자기 서툰 오십으로 서게 됐습니다. 이제 자신에게 묻습니다.

'나는 누구인가?'
'무엇을 위해 살아왔는가?'
'무엇을 위해 살아야 하는가?'

우리가 공자와 같을 수는 없지만, 그가 오십을 지천명이라고 한 데는 분명한 이유가 있습니다. 그것은 인생의 어느 순간이든,

하늘이 내게 부여한 길과 의미를 깨달을 수 있다는 깊은 자각이었을 것입니다.

오늘의 오십도 다르지 않습니다. 돌아보면 '어쩌다 오십'이라고 느껴질지 몰라도, 우리가 바라는 것은 '어쩌다 칠십'이 되지 않는 삶입니다. 시간은 흘렀지만 아직 길은 끝나지 않았습니다. 공자가 쉰 살에 하늘의 뜻을 알았다면, 수명이 아흔에 이르는 지금의 오십은 아직 30년, 40년이 남아 있는 나이입니다. 그러니 지금이야말로 자신의 천명을 찾아 나서기에 가장 알맞은 때입니다.

오십은 끝이 아니라 기회입니다. 뒤늦은 깨달음이 아니라 새로운 삶의 문이 열리는 순간입니다. 이제는 세상이 준 역할이 아니라 스스로 선택한 길을 걸어야 할 때입니다. 그 길에 섰을 때 비로소 '나는 왜 살아가는가'라는 물음에 진심으로 대답할 수 있게 됩니다. 오십은 지나온 세월의 무게보다 앞으로의 가능성이 더 큰 나이입니다. 그 속에 새로운 기회가 있습니다.

오십은 또 한 번 희망의 문턱입니다. 인생 전반이 생존과 책임의 시간이었다면, 후반은 존재와 가치를 확인하는 시간입니다. 우리에게 늦음이란 없습니다. 오히려 지금이 가장 알맞은 때일지도 모릅니다. 인문학은 오십의 마음에 다시 불을 지피는 불씨가 되어 남은 삶을 단단하고 따뜻하게 살아가게 할 힘이 될 것입니다.

공자는 《논어》 마지막 장에서 이렇게 말했습니다.

명을 알지 못하면 군자가 될 수 없다.

여기서 명은 자신에게 주어진 사명(使命), 삶의 목적, 존재 이유를 뜻합니다. 공자는 명을 알지 못하면 리더도, 어른도, 진정한 군자도 될 수 없다고 했습니다. 마치 인생의 중간에 선 우리에게 묻는 듯합니다.

'왜 그 일을 하는가?'
'삶을 지탱하는 근본은 무엇인가?'

오십은 이런 질문을 외면할 수 없는 나이입니다. 직책이나 성취로는 더 이상 인생의 의미가 채워지지 않기 때문입니다. 《논어》는 우리에게 말합니다.

네 명을 찾아라.
그래야 어른답게 설 수 있다.

《중용》이 이어 주는 희망

흥미롭게도 《논어》의 마지막 문장이 끝나는 자리에서 《중용》이 새로운 시작을 알립니다.

하늘의 명이 인간의 본성이다.

자사는 《중용》을 통해 천명이 무엇인지를 구체적으로 알려 줍니다. 《중용》에서 이야기하는 천명은 멀리 있는 것이 아닙니다. 바로 우리 안에 숨겨진 본성, 곧 정성과 성실입니다. 하늘과 땅이 성실하게 운행되고 낮과 밤이 한 치의 어긋남도 없이 이어지듯, 인간 역시 정성과 성실을 본성으로 타고납니다. 《중용》은 이렇게 속삭이며 오십에게 분명한 희망을 줍니다.

정성과 성실을 인간의 본성으로 인지한다면
인생 후반전은 천지자연처럼 무궁히 자라날 수 있다.

인생 전반전은 어쩌다 살아온 경우가 많습니다. 그러나 후반전은 다릅니다. 이제는 명확한 의미와 정성스러운 선택이 필요합니다. 인생 전반전이 억울하다면 오십이 기회입니다. 《논어》도 《중용》도 그것을 말합니다. 미래가 불안하다면 오십이 희망입니다. 지나온 과거만큼의 시간이 기다리고 있기 때문입니다. 지금까지 자기 자신과 인생에 자신감이 없었다면 오십은 희망입니다. 천명이 곧 인간의 본성이라고 《중용》이 알려 주기 때문입니다. 하늘의 명은 정성이니 인간의 명도 정성이며, 하늘이 수십억 년 유구하게 유지되고 천지가 발전하고 있다면 우리 인간도 그렇게 될 수 있는 씨앗을 본성으로 가지고 태어났기 때문입니다.

누군가가 나에게 또는 내가 나에게 '너는 누구인가? 너는 무엇으로 살아가는가?'라고 물었을 때 《중용》의 답을 빌리면 됩니다. 《중용》의 답은 분명합니다.

너의 본성은 정성이다.
ㄱ 정성을 다할 때 네 삶은 자연처럼 무궁히 이어진다.

칠십, 팔십에 가서 공허함 속에 홀로 버티는 삶이 아니라 오십에 천명을 세우고 인생의 의미를 다시 붙잡는 것. 그것이 《논어》와 《중용》이 우리에게 주는 희망 메시지입니다.

오십은 인생의 가을일 수 있지만 동시에 또 다른 봄을 품은 계절입니다. 공허한 노년을 피하려면 지금, 여기에서 천명을 인식해야 합니다. 《논어》는 "네 명을 찾아라"라고 하고 《중용》은 "그 명은 정성과 성실"이라고 답합니다. 오십의 인생은 더 이상 허무의 길이 아니라 성실과 정성으로 무궁한 가능성을 열어 가는 새로운 길이 됩니다. 오십, 아직 늦지 않았습니다. 지금이 바로 다시 일어설 때입니다.

나는 하늘처럼
태어난 존재다

| 본성 |

하늘의 명을 성이라고 하고
성을 따르는 것을 도라고 하며
도를 닦는 것을 교라고 한다.
天命之謂性 率性之謂道 修道之謂敎
천명지위성 솔성지위도 수도지위교

《중용》 제1장

저는 《중용》 제1장에서 읽기를 몇 번이나 멈추곤 했습니다. 읽고 또 읽어도 도대체 무슨 뜻인지 알 수가 없어서입니다. 아마

많은 사람이 저와 비슷하지 않을까 생각합니다. 그런데 조선의 10대 청소년들은 어떻게 이 책을 예사로이 읽으며 책장을 넘겼을까요? 그들보다 인생을 두 배, 세 배 더 살아도 이해하기 힘든데 말이죠.

자사는 하늘이 사람에게 명한 것을 본성이라고 하고, 그 본성을 따르는 것이 도이며, 그 도를 닦고 수양하는 것을 가르침이라고 정의했습니다. 두 번 세 번 읽어도 도대체 무슨 말인지 통 이해가 가지 않는데, 이것이 《중용》에서 가장 유명한 문장 중 하나입니다.

자연은 수십억 년 동안 한 치의 빈틈도 없이 성실히 운행돼 왔습니다. 성(誠)은 말[言]을 이루는[成] 것으로, 목표를 이루는 데 꼭 필요한 요소인 정성과 성실을 뜻합니다. 세상의 모든 가치 있는 일은 정성 없이 이루어지지 않습니다.

사람과 하늘의 본성이 같다는 것은 모두 성실을 바탕으로 한다는 의미입니다. 천지자연이 성실함으로 번성하듯, 사람도 성실을 따라 살 때 번성할 수 있습니다. 결국 《중용》의 첫 문장은 성실이 곧 인간의 본성임을 선언하며, 교육을 통해 그 성실을 오래 지켜야 한다는 뜻입니다.

《중용》 제1장은 유학을 단순한 학문이 아니라 사상과 철학의 길로 이끌었고, 더 나아가 삶의 도리와 문명으로서 유교가 세워지는 데 출발점이 됐습니다. 열다섯 글자에 불과한 짧은 선언이지만, 이 문장에는 하늘과 인간, 본성과 도, 배움과 수양의 전 과정이 응축돼 있습니다.

나를 믿는 마음의 회복

지금까지 수십억 년을 내려오면서 하늘과 자연이 우리 인간에게 치명적인 피해를 준 일은 없습니다. 치명적인 피해를 주었다면 인간은 이미 세상에서 사라졌을 테니까요. 과대망상에 빠지지 않은 이상, 어느 날 갑자기 하늘이 무너지고 자연이 사라질 수 있다고 생각하는 사람은 없을 것입니다. 우리는 비록 100년도 못 살고 돌아가지만, 우리를 둘러싼 이 자연과 하늘이 스스로 쪼그라들거나 사라진다는 생각은 하지 않습니다.

그런데 지금까지 저는 자신을 믿은 시간보다 믿지 못한 시간이 더 길었습니다. 2,400년 전 사람도 하늘과 인간이 다르지 않음을 생각하면서 살았는데, 모르는 것이 없을 정도로 많은 정보를 품고 산다는 지금의 저는 자신을 믿지 못했습니다. 긍정적으로 산 시간보다 부정적으로 산 시간이 더 길었습니다. 겉으로는 할 수 있다고 큰소리쳤지만, 속으로는 할 수 없다고 낙담한 일이 더 많았습니다. 다른 사람보다 못났다는 생각을 많이 했고, 적극적으로 산 시간보다 소극적으로 산 시간이 더 길었습니다. 움츠리면서 속상해한 시간이 많았습니다. 부모가, 학교가, 회사가, 국가가 나에게 해 준 것이 뭔데? 삶이 나에게 무엇을 주었는데? 세상이 나를 위해 뭘 해 주었는데? 집에서는 가난하고 못 배운 부모와 내세울 것 없는 가문을 탓하고, 학교에서는 친구와 선생님을 탓하고, 회사에서는 상사와 동료를 탓하고, 사회에서는 국회의원과 대통령을 탓하며 살았습니다.

50~60대라면 기억하고 있을 텐데, 제가 초등학생이었던 1968년 말에 정부가 국민교육헌장을 발표했습니다. 달달 외우지 못하면 방과 후에 남아 교실 청소를 해야 했죠. 첫 문장이 이렇게 시작됩니다.

우리는 민족중흥의 역사적 사명을 띠고 이 땅에 태어났다.

그런데《중용》제1장을 읽고 나니 왠지 제일 먼저 이런 생각이 들었습니다.

우리는 성공할 수밖에 없는 성실을 가지고 이 땅에 태어났다.

지금까지 나를 믿지 못한 시간이 더 길었던 것도, 부정적으로 산 시간이 더 길었던 것도, 소극적으로 산 시간이 더 길었던 것도, 움츠리면서 속상해한 시간이 많았던 것도 다 내가 나를 믿지 못했다는 데서 출발합니다. 내가 가난하게 태어났고, 소심하게 태어났고, 취약한 환경에서 태어났다고 생각한 데 원인이 있는 것입니다.

그런데 《중용》은 제1장에서 천지자연은 그 천성인 성실함을 따라 운행되기에 늘 틀림이 없고 번성하며, 사람 역시 본성인 성실함을 따라 살면 번성할 수 있다는 통찰을 줍니다. 자사의 그 말이 사실인지 아닌지는 그렇게 중요하지 않습니다. 사실이면 당연히 좋겠지만 사실이 아니라고 해도 손해 볼 일은 없으니까요.

나는 원래 잘 살도록 설계된 사람입니다. 우리는 누구나 잘 살도록, 더 멋진 사람이 되도록 이미 설계된 사람입니다. 지금까지는 몰라서 그랬다고 쳐도 최소한 오십부터는 애초에 설계된 대로 잘 사는 사람이 돼야 할 것입니다.

삶을 풀어 나가는
단 한 가지

| 법칙 |

하늘의 명을 성이라고 하고

성을 따르는 것을 도라고 하며

도를 닦는 것을 교라고 한다.

天命之謂性 率性之謂道 修道之謂敎

천명지위성 솔성지위도 수도지위교

《중용》 제1장

1905년 오스트리아 빈에서 태어나 정신과 의사로 활동했던 빅터 프랭클은 제2차 세계대전 중 아우슈비츠 강제수용소로 끌려가 가족 대부분을 잃는 비극을 겪었습니다. 아우슈비츠에서 그는 인간은 삶의 의미를 발견하면 절망 속에서도 살아갈 힘을 얻는다는 사실을 깨달았습니다. 이 통찰을 바탕으로 로고테라피(logotherapy, 의미치료)를 창시하고 《죽음의 수용소에서》를 집필하여 '삶은 어떤 상황에서도 의미가 있다'는 메시지를 남겼습니다. 그는 상황을 바꿀 수 없을 때라도, 그 상황에 대한 자신의 태도만큼은 선택할 수 있다고 강조했습니다.

**삶이 나에게 무엇을 줄 수 있는가를 묻지 말고
삶이 나에게 무엇을 요구하는가를 물어라.**

빅터 프랭클

우리는 흔히 '나를 행복하게 해 달라', '내 꿈을 이루게 해 달라'고 세상에 요구합니다. 그러나 프랭클은 그 방향을 거꾸로 돌립니다. 삶이, 사회가, 인류가 지금 나에게 무엇을 기대하는지를 물어야 비로소 인간은 자신이 감당해야 할 소명과 의미를 발견할 수 있다는 것입니다.

《중용》에서 인간은 태어날 때부터 하늘로부터 받은 성품, 곧 성실과 정성, 진실함의 씨앗을 지니고 있다고 말합니다. 우리는 단순히 욕망에 따라 사는 존재가 아니라 본성을 바탕으로 올바른 길을 걸어가야 할 책임을 지닌 존재입니다. '천명'은 단순한 운명이 아니라 하늘이 내게 기대하는 삶의 의미이자 소명이라는 얘기입니다. 즉, 꿈은 내가 원하는 것이고 천명은 삶이 나에게 원하는 것입니다.

우리는 어려서부터 "꿈을 가져라, 네가 원하는 일을 해라"라는 말을 듣고 자랐습니다. 물론 그것도 중요합니다. 그러나 거기서 멈추면 한계가 있습니다. 나의 꿈만을 좇다 보면 이기적으로 되거나 개인적인 만족에 머물기 쉽습니다. 반대로 천명은 개인을 넘어 사회와 국가, 더 나아가 인류가 나에게 기대하는 몫을 의미합니다. 내가 지금 이 시대에 태어난 이유, 내가 가진 재능과 경험이 필요한 자리, 내가 꼭 감당해야 할 과제 말입니다.

만약 꿈이 나의 욕망을 따라가는 길이라면, 천명은 그 욕망을 넘어서는 더 넓고 무거운 길일 수 있습니다. 때로는 희생을 요구하고, 때로는 고통을 동반합니다. 프랭클이 수용소에서 살아남은 이유도 자신이 지켜야 할 어떤 의미, 어떤 천명을 끝까지 붙들었기 때문입니다.

한 가지 질문을 스스로 던져 봅니다.

'나는 지금까지 삶에 무엇을 요구하며 살아왔는가?'

내가 원하는 일, 내가 이루고 싶은 목표만을 좇아오진 않았는가? 물론 그것이 잘못된 일은 아닙니다. 하지만 사회의 요구와 연결될 때 나의 꿈은 더 큰 힘을 발휘합니다. 꿈과 천명이 만날 때, 그 길은 단순한 자기실현이 아니라 세상을 위한 소명이 됩니다. 이것이 《중용》과 빅터 프랭클이 사람들에게 전하고 싶어 한 공통된 메시지가 아닐까 생각합니다. 자기만의 욕망을 좇는 삶에서 세상이 자신에게 요구하는 삶으로 건너갈 수 있기를 기대했던 것은 아닐까요?

삶은 우리에게 끊임없이 질문을 던집니다. '너는 무엇을 원하는가?'가 아니라 '내가 너에게 기대하는 것이 무엇인지 아는가?'라고 말이죠. 때로는 그 질문이 무겁게 느껴집니다. 그러나 역설적으로, 그 질문에 응답하는 순간 우리는 더 큰 자유를 얻습니다. '내 삶이 나만을 위한 것이 아니구나. 나는 더 큰 의미 안에서 존재하는구나!' 하는 깨달음이 우리를 단단하게 해 줍니다.

오늘을 살아가는 우리에게 빅터 프랭클의 말과 《중용》의 가르침은 같은 통찰을 줍니다. 상황은 내 뜻대로 되지 않을 때가 많습니다. 그러나 태도는 언제나 내가 선택할 수 있습니다. 꿈은 나를 향한 것이고, 천명은 세상을 향한 것입니다. 둘을 연결할 때, 우리는 흔들리지 않는 중심을 얻을 수 있습니다. 삶이 나에게 기대하는 것을 깊이 생각하고 묻고 또 그 기대에 응답하며 살아가려는 사람들이 많아진다면, 저마다의 삶은 물론 우리가 함께 살아가는 사회도 한층 더 아름다워질 것입니다.

삶의 수학 법칙 《중용》

많은 사람이 수학을 어려운 공식이나 복잡한 계산으로 기억합니다. 그러나 수학의 본질은 단순한 계산을 넘어 세상의 원리를 꿰뚫는 힘입니다. 다양한 수식과 다이어그램, 도표, 그래프 또는 말로 표현할 수 있는 사고의 언어가 바로 수학이죠.

놀랍도록 빠른 변화를 이끄는 AI(인공지능)는 데이터를 분석해 패턴을 찾아내고, 수학적 모델로 세상을 설명합니다. 알고리즘, 코딩, GPU와 HBM 같은 첨단 기술도 결국은 수학적 사고의 산물입니다. 그렇기에 수학은 단순한 문제 풀이를 넘어 세상을 이해하는 눈을 길러 주는 생각하는 힘이라고 할 수 있습니다.

그런데 놀랍게도, 2,400년 전 《중용》이 이와 닮은 이야기를 전합니다. 자사에 따르면, 사람과 하늘은 같은 본성을 지녔습니다. 그 본성은 다름 아닌 성실함입니다. 천지자연은 성실함을 따라 움직이기에 사계절이 어김없고 만물이 번성합니다. 사람 역시 본성인 성실함을 따라 살면 번성할 수 있습니다. 성실하게 사는 것이 인간의 본성이며, 그것을 지켜 내는 삶이 곧 바른길입니다.

우리는 원래 잘 살도록, 더 멋지게 살아가도록 설계된 존재라는 것을 자사가 마치 수학자처럼 그려 낸 것입니다.

AI가 수학의 힘으로 성장했듯, 우리도 성실이라는 본성의 힘으로 성장합니다. 삶은 때때로 풀기 어려운 방정식처럼 느껴집니다. 하지만 긴 풀이 과정을 통해 결국 하나의 해답에 도달하듯, 성실하게 걸어가는 삶은 마침내 올바른 결과에 다다르게 됩니다. 《중용》의 말대로 성실이라는 본성을 따라 사는 것이 곧 올바른 삶의 길이며, 그 길을 다듬고 배우는 것이 우리의 인생입니다. 이것이 바로 삶의 수학 법칙이라고 할 수 있습니다.

《중용》의 첫 문장처럼 우리는 원래 성실하게, 잘 살아가도록 설계된 사람입니다. 성실은 단순한 덕목이 아니라 하늘이 준 본성이며, 인생을 살아가는 근본 법칙입니다. 지금까지 자신을 믿지 못해 움츠렸던 날들이 있었다고 해도 괜찮습니다. 이제부터, 특히 인생의 절반을 넘어서는 오십부터는 본래의 성실을 믿고 살아 보면 좋겠습니다. AI가 수학의 힘으로 세상을 바꾸듯, 인간은 성실의 힘으로 자신의 삶을 바꿀 수 있습니다. 성실은 이미 우리 안에 주어진 본성이며, 그것을 따라 살아가는 삶은 반드시 더 깊고 더 윤택하며 더 아름다워질 것입니다.

보지 않아도 듣지 않아도
스스로 다잡아라

| 신독 |

하늘의 명을 성이라고 하고, 성을 따르는 것을 도라고 하며, 도를 닦는 것을 교라고 한다.

도는 잠시도 떠날 수 없으니, 도가 떠날 수 있다면 도가 아니다. 그러므로 군자는 다른 사람이 보지 않는 데서도 경계하고 삼가며, 다른 사람이 듣지 않는 곳에서도 두려워해야 한다.

숨은 것처럼 잘 드러나는 것이 없으며, 미세한 것처럼 잘 나타나는 것이 없기에 군자는 그 홀로 있음을 삼가는 것이다.

중과 화를 지극히 하면, 하늘과 땅이 제자리를 잡고 만물이 제대로 자라난다.

희로애락의 감정이 발하기 전을 중이라고 하고, 발하되 모두 절도에 맞음을 화라고 한다.

중은 천하의 큰 근본이요, 화는 천하 사람들이 걸어가야 할 도리다. 중과 화를 지극히 하면, 하늘과 땅이 제자리를 잡고 만물이 제대로 자라난다.

天命之謂性 率性之謂道 脩道之謂教

道也者不可須臾離也 可離非道也

是故 君子 戒愼乎 其所不睹 恐懼乎 其所不聞 莫見乎隱 莫顯乎微

故君子 愼其獨也 喜怒哀樂之未發 謂之中 發而皆中節 謂之和

中也者 天下之大本也 和也者 天下之達道也 致中和 天地位焉

萬物育焉

천명지위성 솔성지위도 수도지위교

도야자불가수유리야 가리비도야

시고 군자 계신호 기소불도 공구호소불문 막견호은 막현호미

고군자 신기독야 희로애락지미발 위지중 발이개중절 위지화

중야자 천하지대본야 화야자 천하지달도야 치중화 천지위언

만물육언

《중용》 제1장

《중용》 제1장은 자사의 말씀으로, 모두 108자입니다. 33개 장

중 가장 중요한 장이라고 할 수 있습니다. 물론 108자 중에서 서두의 15자가 핵심이지만 이어지는 문장들도 시사하는 바가 적지 않습니다. 도입 부분과 후미는 앞서 소개했기에 여기서는 가운데 부분을 다루겠습니다.

홀로 있을 때도 군자와 같이

도는 잠시도 떠날 수 없으니,
도가 떠날 수 있다면 도가 아니다.
그러므로 군자는 다른 사람이 보지 않는 데서도 경계하고 삼가며,
다른 사람이 듣지 않는 곳에서도 두려워해야 한다.
숨은 것처럼 잘 드러나는 것이 없으며, 미세한 것처럼 잘 나타나는 것이 없기에
군자는 그 홀로 있음을 삼가는 것이다.

하늘의 명을 성(性)이라고 하고, 그 성을 따름을 도(道)라고 했습니다. 천명을 성(誠)으로 봤기에 도는 곧 정성을 따르는 것입니다. 쉽게 말하면 정성을 들여 성실하게 사는 것이 인간의 도리라는 뜻입니다. 본문의 '도'를 '성'으로 바꿔 보면 더 쉽게 이해할 수 있습니다.

> 정성과 성실은 잠시도 떠날 수 없으니,
> 떠날 수 있는 것이라면 그것은 정성과 성실이 아니다.
> 그러므로 리더는 다른 사람이 보지 않는 데서도 경계하고 삼가며,
> 다른 사람들이 듣지 않는 곳에서도 두려워해야 한다.
> 숨은 것처럼 잘 드러나는 것이 없으며, 미세한 것처럼 잘 나타나는 것이 없기에
> 리더는 그 홀로 있을 때 신중하고 삼가며 더욱 조심해야 한다.

우리가 살아 있는 한 정성과 성실은 늘 우리 곁에 있어야 하는 중요한 것이기에 늘 성실하게 살아가야 한다는 아주 당연한 말입니다. 직장에서나 가정에서나, 사람들 앞에서나 혼자 있을 때나 늘 정성과 성실로 살아야 한다고 자사는 말합니다.

앞에서는 성실하지만 보이지 않는 곳에서는 게으르다면, 그것은 진짜 성실이 아닙니다. 가족에게는 정성을 다하지만 직장 동료에게는 차갑게 군다면, 그것은 온전한 정성이 아닙니다. 진짜 정성과 성실은 남들이 보지 않는 곳에서, 알아주는 사람이 없어도 묵묵히 이어 가는 태도에서 만들어지기 때문입니다. 성실함을 잠시도 무시해서는 안 됩니다. 본성을 무시하고 불성실하게 살면 누구든 세상살이가 힘들어지기 때문입니다. 혹여 무시해도 문제가 되지 않는다면, 그것은 하늘의 본성도 인간의 본성도 아

닐 것입니다.

　우리의 인생길을 나아가는 것도 실은 고속도로에서 운전하는 것만큼이나 위험합니다. 잠시도 긴장을 놓아서는 안 되는 것이 우리의 인생길입니다. 찰나의 딴생각이 대형 사고를 유발하고, 순간의 실수가 인생을 나락으로 이끕니다. 순간의 말 한마디가 지금까지의 결혼 생활을, 지금까지의 커리어를, 지금까지의 명성을 하루아침에 거덜 낼 수 있습니다. 듣는 사람이 없다고 해서 툭 던진 한마디의 말이 비수가 되어 돌아올 수 있습니다. 스치듯 한 행동 하나가 인생길을 끝장나게 할 수도 있습니다.

　《후한서(後漢書)》〈양진열전〉 한 대목을 소개합니다. 후한 시대, 학문과 인품을 두루 갖춘 양진(楊震)이라는 인물이 있었습니다. 유학에 밝고 경서에 능통하여 사람들은 그를 '관서의 공자'라고 부르며 존경했습니다. 관직에서도 바르고 청렴한 모습으로 이름이 높았던 그는 어느 날 동래군 태수로 부임하게 됐습니다. 부임하는 길에 잠시 창읍현을 지나게 됐는데, 그곳의 현령은 과거에 양진에게 큰 도움을 받은 사람이었습니다.

　깊이 감사한 마음을 품고 있던 현령은 은혜에 보답하고자 한밤중에 조용히 양진의 숙소를 찾았습니다. 그리고 주변 눈치를 살핀 뒤, 조심스럽게 황금 열 근을 내밀었습니다. 하지만 양진은 단호한 얼굴로 "나는 자네를 알고 있소. 하지만 자네는 아직 나를 모르는구려"라고 말했습니다. 뜻밖의 반응에 당황한 현령이 "지금은 한밤중입니다. 아무도 모릅니다. 그러니 제 마음을 받아 주십시오"라고 덧붙였습니다. 이에 양진은 한 치의 흔들림도 없이 "하늘이 알고, 귀신이 알고, 내가 알고, 자네도 아는데 어찌 '아무도 모른다' 하겠는가?"라며 고개를 저었습니다. 그 말에 현령은 얼굴이 붉어졌고, 더는 아무 말도 하지 못하고 고개를 숙인 채 돌아섰습니다.

아무도 보지 않는 깊은 밤 외부의 시선이 사라지면 마음 한쪽에서 유혹이 고개를 들곤 합니다.

'이 정도야 괜찮겠지.'

하지만 그 순간을 가장 먼저 목격하는 이는 다름 아닌 자기 자신입니다. 겉으로는 드러나지 않을지라도, 내면은 모든 것을 알고 있습니다. 이처럼 잘 숨겼다고 생각한 일이 오히려 가장 또렷하게 드러나는 법입니다.

그러므로 특히 모범을 보여야 하는 리더들은 다른 사람들이 보는 데서는 물론 보지 않는 데서도 늘 경계하고 삼가면서 성실히 살아가야 합니다. 사람들이 듣지 않는 곳에서도 불성실해지는 것을 두려워하며 자신을 스스로 다잡아야 합니다. 보는 것도, 듣는 것도, 말하는 것도, 행동하는 것도 정직과 바름과 성실을 기반으로 해야 하기에 보지 않는 곳, 듣지 않는 곳에서도 몸가짐을 스스로 되돌아봐야 합니다.

오십의 신독은 달라야 한다

예부터 남의 책을 베껴 쓰는 필사는 정성스러운 공부 방법으로 여겨졌습니다. 그런데 간혹 한 글자를 잘못 썼을 때 처음부터 다시 쓰는 수고를 피하고자 그냥 무시하고 슬쩍 넘어가기도 합니다. 수천 자, 수만 자 중 고작 한두 자일 뿐이니 괜찮다고 생각할 수도 있겠지요. 하지만 아이러니하게도 시간이 지날수록 나머지 모든 글자는 점점 흐려지고, 그 하나의 오자가 유독 선명히 마음에 남습니다. 작고 미세한 흠결일수록 오히려 더 도드라집니다. 인간의 양심은 생각보다 섬세하고, 기억은 생각보다 오래갑니다.

리더는 홀로 있을 때 신중하고 삼가며 더욱 조심해야 한다.

신독(愼獨)에서 신(愼)은 '삼가다, 신중하다, 언행을 조심하다, 두려워하다'라는 뜻입니다. 독(獨)은 '홀로, 혼자, 외로움'이라는 뜻입니다. 즉 신독은 홀로 있을 때 신중하고 조심해야 한다는 의미입니다. 보는 이 없고 듣는 이조차 없는 완전한 고요 속에서도 자신을 단속해야 함을 말합니다. 외부의 시선에 따라 달라지는 것이 아니라 홀로 있을 때야말로 온전한 자신과 마주하는 시간입니다. 참된 인격이란 군중 속에서가 아니라 혼자 있는 시간 속에서 길러지는 법입니다. 세상에 영원한 비밀은 없습니다. 철석같이 믿었지만 연기처럼 피어나는 것이 비밀입니다. 특히 오십에게 신독의 시간은 너무나 중요한 주제입니다.

오십에는 말의 무게를 가벼이 여기지 말아야 합니다. '내가 너의 형이니까', '내가 당신의 상사니까', '내가 너의 시어머니니까', '내가 나이가 많으니까', '내가 더 잘났으니까' 하면서 생각 없이 던진 날 선 한마디가 어느 순간 태산보다 무거운 바위가 되어 자신을 눌러 버릴 수 있음을 놓쳐서는 안 됩니다. 직장에서도, 가정에서도 한마디 말이 관계의 방향을 바꿉니다. 특히 중년 이후의 말은 '경험의 권위'를 띠기에 누군가의 마음을 살릴 수도, 꺾어 버릴 수도 있습니다. 아무도 듣지 않는 자리에서 내뱉는 푸념조차 습관이 되기 쉽고, 습관은 결국 나의 품격을 드러냅니다.

오십에는 몸을 방치하지 말아야 합니다. 젊어서는 버텼던 작은 습관이 50대에는 병이 되어 돌아옵니다. 술 한잔, 늦은 야식, 무심코 미루는 건강검진, 홀로 있을 때의 작은 선택들이 10년 뒤의 삶을 결정합니다. 신독은 남 앞에서 절제하는 것이 아니라 홀로 있을 때도 내 몸을 존중하는 태도입니다.

오십에는 돈과 욕심에 휘둘리지 말아야 합니다. 50대는 은퇴와 노후를 동시에 생각해야 하는 시기입니다. 그래서 투자와 재테크가 필요하지만, 욕심이 눈을 가리면 평생 쌓은 것을 한순간에 잃을 수도 있습니다. 아무도 모르게 혼자 내리는 재정적 결정이야말로 신중해야 합니다. 신독의 정신은 바로 여기에서 빛을 발합니다.

오십에는 외로움에 쉽게 흔들리지 말아야 합니다. 자녀가 성장해 곁을 떠나고 직장에서도 밀려나는 나이에 서서히 찾아오는 것이 바로 외로움입니다. 이때의 외로움이 사람을 무너뜨릴 수 있습니다. 무심코 빠져드는 가벼운 유혹이나 외로움을 잊으려 집착하는 사소한 습관이 인생 후반을 흔들 수 있습니다. 신독은 그 외로움을 견디며 내 안의 중심을 지키는 힘입니다.

오십은 두 번째 꿈을 꿀 가장 좋은 시기입니다. 이후 삶을 자기 자신을 중심에 두고 설계할 수 있기에 더 그렇습니다.

나는 잘 살도록
설계된 사람이다

| 선택 |

하늘의 명을 성이라고 한다.

天命之謂性

천명지위성

《중용》제1장

　나이 오십, 직장 생활 20년. 아침에 눈을 뜨면 가장 먼저 떠오르는 것은 오늘도 버텨야 하는 삶의 무게입니다. 중학생, 고등학생 또는 대학생 자녀를 둔 부모는 하루에도 몇 번씩 깊은 한숨을 내쉽니다. 월급의 30~40퍼센트는 자녀 교육비로 사라지고, 20퍼센트는 주택담보대출 원리금 상환으로 빠져나갑니다. 아끼고 줄이며 허리띠를 졸라매도 늘 허덕입니다. 보험료, 관리비, 통신비, 인터넷 요금, 거기에 넷플릭스, 챗GPT 구독료까지. 월급은 들어오는 족족 흩어지고, 지갑은 늘 비어 있습니다. 직장의 압박은 여전하고, 정년은 느리지만 확실하게 다가옵니다. 한 달을 버티는 일조차 힘에 부칠 만큼 현실은 녹록지 않습니다.

서른 안팎에 직장 생활을 시작해 눈 깜짝할 새에 20년이 흘렀습니다. '이제는 좀 여유가 생길까?'라는 기대는 충족된 적이 없습니다. 그사이에 기쁜 일도 많았지만, 그만큼 힘든 날도 많았습니다. 나름의 인생철학이 자리 잡았을 법한 나이임에도 어디서도 '전문가'라고 불리지 못한 채 여전히 흔들리고 있습니다. 돈은 부족하고, 내세울 만한 독보적 장점도 없으며, 힘들 때 기댈 '단단한 나'도 사라진 듯합니다. 그렇게 우리는 어느새 철학도, 확신도 잃어버린 오십의 문턱에 서 있습니다.

긍정적으로 살고 성실을 잃지 않으려 노력해야 한다는 걸 모르는 것은 아닙니다. 그간 읽어 온 수많은 자기계발서와 무릎 치게 했던 강연들, 다 기억납니다. 가끔은 그 말을 남들에게 건네기도 했습니다. 너도 할 수 있다고. 하지만 정작 자신은 그렇게 살지 못했음을 우리는 스스로 알고 있습니다.

그 이유는 무엇일까요? 몰라서가 아닙니다. 알고는 있지만, 확신이 없었기 때문입니다. '정말 긍정적인 마음으로 살아가면 세상이 변할까?', '성실하게 살면 반드시 보답받을까?'라는 의심이 마음 한구석에 자리 잡고 있었기 때문입니다. 편법이 득세하고 부정이 유리한 듯 보이는 세상에서 긍정은 때로 물정 모르고 나대는 치기처럼 느껴졌습니다. 그런 마음이 몇 번이고 우리를 주춤거리게 했습니다.

그렇다고 해도 20년을 버텼다면 조금은 나아져야 하는 것 아닐까요? 조금은 더 희망이 있어야 하지 않을까요? 아버지를 탓해도, 나라를 탓해도 결국 그 책임은 나의 몫입니다. 인생 전반전은 '몰라서' 그랬다고 둘러댈 수도 있겠지만, 후반전은 달라져야 합니다. 하지만 어디서부터 바꿔야 할지 막막합니다. 더 배워야 할까? 더 일해야 할까? 배울 만큼 배우고, 일할 만큼 일했는데도 여전히 불안한 오십. 그 불안은 어쩌면 누구보다 나를 잘 알고 있다는 깊은 체념에 뿌리를 두고 있는지도 모릅니다.

불안이 사라지는 다섯 글자

그렇지만 우리 삶을 다시 일으켜 세울 가능성은 여전히 있습니다. 2,400년 전, 자사가 그 문제를 먼저 꺼냈습니다. '나는 누구인가? 우리는 어떤 존재인가?'라는 질문을 던지며, 인생을 바라보는 철학적 뿌리를 전해 주었습니다.

  어느 시대든 인간의 불안은 비슷합니다. 그리고 인생 후반전에 필요한 것은 바로 그런 '뿌리'입니다. 내가 누구인지, 어떤 길을 걸어야 하는지 다시 묻고 그 답을 찾아야 할 때입니다.

천명을 성이라고 한다. 하늘의 명령을 인간의 본성이라고 한다. 하늘(자연)의 무궁함은 정성과 성실이 바탕인데, 자연의 일부인 인간도 다르지 않다. 자연의 법칙이나 인간의 법칙이 다르지 않다. 자연이 그 성실을 바탕으로 멸하지 않고 영원한 것처럼 우리 인간도 성실을 바탕으로 하기에 발전적인 삶을 살 수 있다.
우리는 누구나 성공할 수밖에 없는 성실을 가지고 이 땅에 태어났다.

  우리는 하늘과도 같은 대단한 존재입니다. 그러니 소극적인 생각에서 벗어나 조금 더 큰 생각을 가져야 합니다. '내가 원하는 삶은 무엇일까?'에서 조금 더 담대하고 대범하게 '삶이 나에게 원하는 것은 무엇일까?'로 바꿔야 합니다. 나는 천명을 품고 나온 사람이기 때문입니다. 나는 멋진 인생을 살 수 있는 설계도를 이미 가지고 나온 사람이기 때문입니다. 긍정적인 생각이 좋은 것이 아니라 나는 이미 긍정적으로 설계된 사람이기 때문입니다.

우리는 매일 그것을 봅니다. 아침이면 해가 뜨고 저녁이면 달이 뜹니다. 단 하루도 거르지 않고 성실하게 돌아갑니다. 별도 지구도 은하수도 하늘도 성실하게 돌아갑니다. 봄 여름 가을 겨울도 성실하게 돌아갑니다. 꽃이 피고 바람이 불고 비가 오고 눈이 내립니다. 세상의 모든 생물이 그 덕분에 태어나고 성장하고 천수를 누리다가 자연으로 돌아갑니다. 소리 없는 풀 한 포기, 소리 없는 벌레 한 마리조차 온전히 살다 돌아갑니다. 세상은 그렇게 성실하게 돌아갑니다. 인간도 마찬가지입니다. 성실함을 천성으로 받아 성실하게만 살면 행복한 삶을 살아갈 수 있습니다. 그런 자기 확신을 잊지만 않는다면 누구나 희망차고 행복하게 살아갈 수 있습니다.

혹여 그것은 자사의 생각일 뿐 내 생각과는 다르다고 할지도 모르겠습니다. 하지만 그것은 별로 중요하지 않습니다. 자사가 2,400년 전에 이런 생각을 발견했다는 것이 더 중요합니다. 자사의 정의가 틀릴 수도 있고 맞을 수도 있지만, 그 역시 별로 중요하지 않습니다. 단지 선택의 문제이기 때문입니다. 자사의 정의처럼 우리에게는 이미 성공의 DNA가 내재한다고 믿고 자연처럼 성공적인 삶을 살면 됩니다. 아니면 무시하고 자기 생각대로 살아가면 됩니다.

지금까지 20년을 일했음에도 근심 걱정이 떠나지 않는다면, 그것은 자기 생각대로 살았다는 것을 의미합니다. 앞으로 자기 생각대로 20년을 더 일한다고 해도 상황은 바뀌기가 어렵습니다. 방법이나 태도를 바꾸지 않으면 결과는 마찬가지일 테니까요. 내가 나의 가능성을 확신하는 가장 좋은 방법이 《중용》이라면, 이를 굳이 외면할 필요는 없지 않을까요?

믿어야 할 것
넘어서야 할 것

| 기준 |

하늘의 명을 성이라고 한다.

天命之謂性

천명지위성

《중용》 제1장

 발견은 이제까지 누구도 몰랐거나 세상에 알려지지 않은 것을 처음 찾아내는 것을 말합니다. 이를테면 '신대륙을 발견하다', '새로운 별을 발견하다' 등으로 쓰이죠. 발명은 전에 없던 것을 새로 생각해 내거나 만들어 내는 것을 말합니다. 이를테면 '금속 활자를 발명하다', '거북선을 발명하다' 등입니다.

　인간의 본성을 하늘의 천성과 같다고 정의한 자사의 발명은 작은 한 걸음이었지만 2,400년을 내려오면서 동양 사상의 큰 줄기를 만들어 낸 거대한 물결의 시작점이었습니다. 거기서 맹자의 성선설이 나왔으며 주자의 성리학이 완결됐습니다. 이후 원나라, 명나라, 청나라로 이어진 중국의 정치·사회·문화에 지대한 영향을 끼쳤습니다. 고려와 조선으로 이어지는 우리나라에서도 정치·사회·문화를 주도하는 핵심 철학으로 자리매김했습니다. 한 사람의 발명이 동양의 역사와 문화·사회를 송두리째 바꾼 것입니다. 자사의 작은 발명은 동양 시민의 정체성을 만드는 데 부족함이 없었습니다.

왜 오십에 새삼 정체성이 흔들리는가

　오십이 되면 '나'라는 사람의 정체성이 완성될 줄 알았습니다. 오십 정도면 가만히 있어도 '나'라는 인간이 반듯하게 만들어질 줄 알았습니다. 말하지 않아도 다른 이들로부터 인정받고 존경받을 줄 알았습니다. 이 사회의 번듯하고 단단한 중심축이 될 줄 알았습니다. 가정이나 직장이나 모임이나 사회에서 당당하게 인정받는 중년이 되어 누구에게나 인정받는 어른이 될 줄 알았습니다.

　직장에 다니는 동안에는 어느 정도 그랬습니다. 어딘가에 매일 출근해 제대로 된 월급을 받는 동안에는 말입니다. 하지만 퇴직 후, 만나는 사람에게 건네줄 명함이 없어지자 나를 어떻게 소개해야 할지 막막해졌습니다. 기껏해야 종이쪽지인 명함이 사라지니 나의 정체성도 바람처럼 사라지고 말았다는 사실을 인정해야만 했습니다. A 대학에서 B를 전공한 후 C 기업에 들어가 사원·대리·과장을 거쳐, TV 드라마 제목과 비슷하게 '서울에서 자가를 가진 대기업 부장'이 됐을 때는 '나'라는 인간의 정체성이 너무도 분명했습니다. A, B, C, 서울에서 자가를 가진 대기업 부장이 모두 나의 정체성을 말해 준다고 생각했기 때문입니다.

　물론 'A, B, C, 서울에서 자가를 가진 대기업 부장'이 헛되거나 잘못된 일은 절대로 아닙니다. 그것을 위해 지난 40~50년을 나름대로 노력해 왔다는 점도 인정받아 마땅합니다. 문제는 자기 정체성의 기준을 무엇으로 보는가입니다. 겉으로 보이는 현실이나 현상에 따라 바뀐다면 그것을 정체성이라고 하기는 어렵다는 얘기죠. 정체성은 1류 대학에 다니면 생기고 3류 대학에 다니면 사라지는 것이 아닙니다. 대기업에서 일하면 생기고 소기업에서 일하면 쪼그라드는 것 역시 정체성이 아닙니다. 서울에서 자가를 소유하면 생기고 지방에서 자가를 소유하면 사라지는 것도 마찬가지로 정체성이 아닙니다.

꾸겨졌든 빳빳하든 오만 원권의 가치는 동일합니다. 돈의 가치는 꾸겨짐의 정도에 있지 않습니다. 누구의 주머니에서 나오는가에 따라 가치가 변하는 것도 아닙니다. 학벌이 어느 정도이고 사는 지역이 어디냐에 따라 또는 재직자냐 퇴직자냐에 따라 바뀌지 않습니다.

외부 환경에 따라 자신의 정체성이 흔들릴 때가 적지 않습니다. 원하는 대학에 가지 못할 때, 원하는 회사나 조직에 들어가지 못할 때, 승진이나 승격에 고배를 마셨을 때, 명예퇴직이나 권고사직으로 밀려날 때, 사랑하는 사람과 헤어져야 할 때, 남의 가랑이 사이로 기어들어 가야만 할 때, 간도 쓸개도 모두 빼 주어야만 할 때 그러기가 쉽습니다. 하지만 원하는 대학에 가지 못했다고 해서 내가 다른 사람이 되는 것은 아닙니다. 그 덕에 더 멋진 사람이 되거나 더 멋진 인생을 살 기회를 붙잡을 수도 있기 때문입니다. 원하는 회사나 조직에 들어가지 못했다고 해서 내가 다른 사람이 되는 것도 아닙니다. 승진이나 승격에 고배를 마셨다고 해서, 명예퇴직이나 권고사직으로 밀려났다고 해서, 사랑하는 사람과 헤어졌다고 해서, 남의 가랑이 사이로 기어들어 가는 치욕을 당했다고 해서, 간도 쓸개도 모두 빼 줘야 하는 상황을 겪는다고 해서 내가 다른 사람이 되는 것도 아닙니다.

자신을 깨달으면 인생 후반에도 청출어람한다

그것을 모르는 바 아니지만 그런 상황에 처하면 누구나 당황하고 흔들리기 마련입니다. 자사의 발명이 이를 극복하도록 도와줍니다. 2,400년 전 자사가 발명한 《중용》의 첫 번째 문장이 그 문제를 해결해 줍니다.

하늘의 명을 성이라고 한다.

잘나갈 때의 나와 못나갈 때의 내가 다르지 않습니다. 승진한 나와 승진에 실패한 내가 다른 사람이 아닙니다. 재직 중인 나와 퇴직한 내가 다른 사람이 아닙니다. 자사가 말합니다.

사람은 누구나 천명을 자신의 본성으로 하여 태어났다.
사람은 언제나 천명을 자신의 본성으로 여기며 살아야 한다.

천명은 하늘의 명령입니다. 하늘의 명령은 정성스러운 삶, 성실한 삶입니다. 사람은 누구나 징성과 성실이라는 씨앗을 가지고 태어났기에 태어난 대로만 살면 번성하는 자연처럼 모두가 발전과 번성을 이룰 수 있다는 긍정적인 생각을 자사가 발명한 것입니다. 자연이 번성하며 수십억 년을 이어져 내려왔듯 우리도 수명이 다하는 그날까지 발전하며 자연스럽게 살아갈 수 있는 존재임을 각인시켜 준 것입니다. 정성과 성실이라는 인간의 본성을 믿고 꾸준히 밀고 나간다면 우리는 자연처럼 모두 잘될 수밖에 없는 존재입니다.

자사가 죽고 약 30년 후에 맹자가 태어나고, 맹자가 오십 전후에 이르렀을 때 그와 쌍벽을 이루는 성악설의 순자(荀子, BC 323?~BC 238?)가 태어납니다. 순자가 저술한 《순자(荀子)》라는 책의 첫 문장을 보겠습니다.

푸른 물감은 쪽 풀에서 취했지만 쪽 풀보다 더 푸르고,
얼음은 물로 만들었지만 물보다 더 차갑다.
青取之於藍 而青於藍 冰水爲之 而寒於水
청취지어람 이청어람 빙수위지 이한어수

《순자》〈권학편〉 제1장

그 유명한 청출어람(青出於藍)의 출처이기도 합니다. 푸른 물감은 푸른색의 쪽 풀을 원료로 해서 만들지만 쪽 풀보다 더 푸르고, 얼음은 물로 만들지만 물보다 더 차갑고, 먹은 검은색의 나무 재를 이겨 만들지만 재보다 더 검습니다. 우리는 흔히 스승보다 더 나은 제자를 가리킬 때 '청출어람'이라고 합니다. 상사보다 더 나은 부하를 말하거나, 선배보다 더 나은 후배를 가리킬 때도 마찬가지입니다.

자사의 발명인 '정성과 성실'을 여기에 더해 본다면 우리는 인생의 청출어람을 이룰 수 있습니다. 작년보다 더 알찬 올해를 만들어 가는 것, 40대보다 더 멋진 50대를 만들어 가는 것, 인생의 전반전보다 더 나은 후반전을 만들어 가는 것. 그리하여 아버지 세대보다 더 멋진 인생을 만들어 갈 수 있다면 그것이야말로 인생의 청출어람, 세대의 청출어람이 아닐까요?

주변 환경이 어떻게 변하든지 나라는 인간의 본성이나 정체성은 변치 않음을 믿어야 합니다. 내가 누구인가라는 자사의 정의를 의심치 않는다면 우리는 누구나 인생의 청출어람을 만들어 낼 수 있습니다. 우리는 언제나 될 수밖에 없는 본성을 가지고 있기 때문입니다.

제2강

모자람도 지나침도 없도록 힘쓰라

| 오십의 태도 |

감정이 관계를 좌우한다

| 감정 |

희로애락의 감정이 발하기 전을 중이라고 하고,

발하되 모두 절도에 맞는 것을 화라고 한다.

중은 천하의 큰 근본이요,

화는 천하 사람들이 걸어가야 할 도리다.

중과 화를 지극히 하면, 하늘과 땅이 제자리를 잡고 만물이 제대로 자라난다.

喜怒哀樂之未發 謂之中 發而皆中節 謂之和

中也者 天下之大本也 和也者 天下之達道也

致中和 天地位焉 萬物育焉

희로애락지미발 위지중 발이개중절 위지화

중야자 천하지대본야 화야자 천하지달도야

치중화 천지위언 만물육언

《중용》 제1장

    조선을 빛낸 율곡 이이, 퇴계 이황, 다산 정약용 선생은 모두 '중'을 삶의 핵심으로 삼았다고 합니다. 퇴계 선생은 학문의 끝은 마음의 중심을 지키는 데 있다고 이야기하며, 제자들에게 '중화' 두 글자를 써 주곤 했습니다. 율곡 선생도 세상사 어느 한쪽으로 치우치면 반드시 실패한다고 경계하며, "중을 얻는 것이 곧 도를 얻는 것"이라고 강조했습니다. 다산 선생도 마찬가지였습니다. 격렬한 정치적 풍랑 속에서도 늘 중심을 지켜야 한다며, "사람이 마음의 중을 잃으면 자신도 세상도 함께 흔들린다"라는 뜻을 남겼습니다.

    인생의 중심 오십에 느끼는 중은 남다릅니다. '중용'의 중에는 많은 의미가 들어 있지만 크게 네 가지 정도를 생각해 볼 수 있습니다. 바로 중화, 시중, 집중, 적중입니다. 먼저 중화부터 이야기해 보겠습니다.

감정을 조화롭게 운용하는 힘

중은 감정의 문제입니다. 인간은 감정의 동물입니다. 사람은 누구나 감정을 쓰면서 살아갑니다. 희로애락, 즉 기뻐하고 노여워하고 슬퍼하고 즐거워하는 감정이 아직 마음속에서 일어나지 않은 고요한 상태를 중으로 정의합니다. 우리의 마음은 늘 감정에 흔들리지만, 아직 감정이 일어나지 않고 고요히 머물러 있는 상태가 '중'입니다. 마음의 중심이 흔들리지 않는 고요한 상태, 즐거움도 노여움도 기쁨도 슬픔도 없는 본래의 마음이라고 할 수 있습니다.

자사는 감정이 일어나되 지나치지 않고 조화롭게 절도가 있는 상태 또는 모두 절도에 맞는 것을 '화'라고 정의했습니다. 기쁨이든 슬픔이든 감성이 아예 없는 것이 아니라 감정이 드러날 때 지나치지도 부족하지도 않고 절도에 맞게 조화를 이루는 상태입니다.

자사는 중과 화를 대단히 중요한 개념이라고 강조했습니다. '중'은 천하의 큰 근본이며 '화'는 천하가 나아가는 큰길이라고 한 것입니다. 중용은 인간의 감정을 억누르거나 없애라고 말하지 않습니다. 감정은 자연스러운 것이고 반드시 일어납니다. 중요한 것은 그것을 억누르지 않고도 지나치지 않게, 균형과 조화를 이루는 것입니다.

'중'은 맑고 고요하여 흔들림이 없는 상태입니다. 하늘이 정한 대자연의 법칙이 그렇듯, 사람 또한 그런 천성을 품고 태어납니다. 그러나 인간은 감정의 존재입니다. 약한 바람에도 흔들리는 나뭇잎처럼 옆 사람의 말 한마디나 상사의 얼굴빛 하나에 기쁨도, 분노도, 슬픔도, 즐거움도 일어납니다. 그렇기에 인간에게는 '중'을 아는 지혜도 필요하지만, '화'를 이루는 기술이 더더욱 중요합니다. 감정을 억누를 수는 없지만, 조절할 수는 있습니다. 바로 그 조화로운 감정 운용이 우리가 가야 할 길이라는 뜻이죠.

우리가 살아가는 이 자연은 중용을 자연스럽게 실현하고 있음을 자사가 이미 발견했죠. 봄이면 꽃이 피고, 여름이면 장맛비가 내리며, 가을이면 곡식이 무르익고, 겨울이면 눈이 덮입니다. 사계절은 변화하지만 언제나 조화 속에 있습니다. 낮이 저물면 밤이 찾아오고, 맑은 날 뒤에는 비가 옵니다. 이런 자연의 섭리는 결코 한쪽으로 치우치지 않으며, 지나치지도 않습니다. 인간 역시 이 자연의 일부로, 중과 화를 따라 사는 것이 가장 사람다운 길이 됩니다. 삼라만상이 모두 그 길을 따르니 그것이 바로 대본(大本), 근본(根本)입니다.

공자도 《논어》〈팔일편〉에서 《시경》을 인용하여 이렇게 이야기했습니다.

즐거워하되 지나치지 말고, 슬퍼하되 자신을 해치지 마라.

樂而不淫 哀而不傷

락이불음 애이불상

락(樂), 즉 즐거움은 분명 좋은 것이지만 절제가 없으면 머지않아 해가 됩니다. 과식은 건강을 해치고, 과음은 삶의 균형을 무너뜨립니다. 공자는 '즐거워하되 넘치지 말라'고 강조했습니다. 애(哀), 즉 슬픔 또한 마찬가지입니다. 이별과 상실은 누구에게나 찾아오는 것이고, 그 감정을 억누를 필요는 없습니다. 사랑했던 사람과의 이별, 말없이 떠난 친구, 영영 돌아오지 않을 가족의 죽음…. 그 슬픔을 억누르라는 것이 아니라 슬픔이 나를 삼켜 버리지 않게 하라는 뜻입니다. 그 감정이 자신을 집어삼키도록 두어서는 안 됩니다. 공자는 슬픔에 빠져 삶까지 무너지는 상황을 경계한 것입니다. 감정을 감추는 것이 아니라 감정에 휘둘리지 않는 것이 중요하다는 가르침입니다.

기쁨이든 슬픔이든, 마음은 언제나 흔들립니다. 그러나 그 와중에도 조금은 거리를 두고 바라볼 수 있다면 자신을 지켜 내며 살아갈 수 있습니다. 기쁨에도, 슬픔에도 내 마음을 지킬 줄 알아야 한다는 것이 공자가 말한 중용이며, 2,500년을 건너 오늘 우리에게 주는 따뜻한 당부입니다.

가정에서 부모와 자식이 다툴 때를 떠올려 보십시오. 아이가 잘못했을 때 부모에게는 당연히 화가 일어납니다. 그러나 화가 지나쳐 폭언이나 체벌로 이어진다면 관계는 상처를 입게 됩니다. 화가 일어나되 절제된 말과 태도로 표현한다면, 아이는 부모의 진심을 이해하고 관계는 더 단단해집니다. 이것이 바로 화(和)입니다.

직장에서도 마찬가지입니다. 회의 자리에서 의견 충돌은 흔히 일어납니다. 어떤 이는 화를 참지 못해 목소리를 높이고, 또 어떤 이는 서운함을 드러내며 마음의 문을 닫습니다. 그러나 의견 차이를 절제된 태도로 표현하고 서로의 입장을 존중한다면, 갈등이 오히려 더 좋은 결론으로 이어질 수 있습니다. 지나치지도 모자라지도 않게, 감정을 다스려 표현하는 것. 이것이 중용의 화(和)가 가르쳐 주는 태도입니다.

사회 전체로 시선을 넓혀도 그렇습니다. 요즘은 사회나 정치 문제에서 극단적으로 분열된 목소리가 많이 들립니다. 분노와 좌절이 쏟아져 나오는 것은 자연스러운 현상입니다. 하지만 그것이 증오와 폭력으로 흐를 때 사회는 병들고 맙니다. 갈등을 인정하되 절제된 토론과 대화로 풀어낸다면 사회는 더 건강하게 발전할 수 있습니다.

중용이 전하는 지혜는 단순합니다. 감정은 억누르는 것이 아니라 절도에 맞게 조화롭게 흐르게 해야 한다는 것입니다. 마음의 고요한 중심[中]을 지키고, 감정의 조화[和]를 이루어 가는 삶. 그것이 곧 개인에게는 평안이 되고, 가정과 사회에는 화합과 발전의 길이 됩니다.

기쁨과 노여움, 슬픔과 즐거움은 누구나 품고 태어나는 내면의 씨앗입니다. 그러나 그 감정들이 아무 때나 아무렇게나 흘러나올 때 삶은 불편해지고, 관계는 금이 가며, 세상은 조화를 잃습니다. 사람의 감정이 조화를 이루면 그 울림이 가정과 조직, 사회와 자연으로 퍼져 나갑니다. 누군가가 자신의 감정을 다스릴 수 있다면, 그 한 사람의 평정심이 곧 세상의 질서를 바로 세우는 힘이 됩니다.
《중용》제1장은 이렇게 마무리됩니다.

중과 화를 지극히 하면, 하늘과 땅이 제자리를 잡고 만물이 제대로 자라난다.

하늘은 제때 비를 내리고, 땅은 거기에 순응하여 만물을 키웁니다. 사계절은 순서대로 찾아오고, 바람과 햇살은 균형 있게 대지를 어루만집니다. 이렇듯 자연의 조화는 어느 하나만 잘해서 이루어지는 것이 아니라 모든 것이 제자리를 지킴으로써 만들어

나갑니다. 마찬가지로 인간 사회도 그렇습니다. 내가 내 마음을 지키고 너도 너의 감정을 절제하며 모두가 조화를 이룰 때, 세상은 비로소 평화롭고 풍요로워질 수 있습니다.

격한 기쁨 속에서도 깊은 슬픔 속에서도 중심을 잃지 않는 태도, 지나치지도 모자라지도 않은 자세, 그것이 곧 '중'의 본질입니다. 감정에 휘둘리지 않고 자신을 지켜 내는 힘을 기르는 것, 말은 단순해 보여도 실제로 해내기는 쉽지 않죠. 어렵기에 더 가치 있는 덕목입니다. '중화'를 이룬다는 것은 감정을 억누른다는 뜻이 아닙니다. 기쁘면 웃고 슬프면 눈물을 흘리되, 그것이 자신도 해치지 않고 타인도 어지럽히지 않는 정도에 머무는 것입니다. 감정의 물결을 두려워하지 않되 그것에 휩쓸리지 않는 힘, 그 절도와 품격이 곧 중화입니다.

사람은 누구도 완벽하지 않고, 감정은 날마다 일어납니다. 그 다양한 감정으로부터 자신을 지켜 가는 힘, 그것이 우리가 중용을 배워야 하는 이유입니다. 오늘도 우리의 마음속에는 기쁨과 슬픔, 노여움과 즐거움이 피어오릅니다. 그 감정들을 마주하며 너무 앞서지도 너무 늦지도 않게 조화롭게 살아가는 것, 그것이 중화입니다. 늘 그렇게 되도록 힘쓰고 노력하는 것이 바로 중용입니다.

군자는 때를 가릴 줄 알지만
소인은 때를 가릴 줄 모른다

| 시간 |

중니께서 말씀하셨다.

"군자는 중용하고, 소인은 중용을 어긴다.

군자의 중용은 군자다우면서도 때에 맞게 하고,

소인의 중용은 소인다우면서도 거리낌이 없다."

仲尼曰 君子中庸 小人反中庸 君子之中庸也 君子而時中

小人之中庸也 小人而無忌憚也

중니왈 군자중용 소인반중용 군자지중용야 군자이시중

소인지중용야 소인이무기탄야

《중용》 제2장

중용의 '중화, 시중, 집중, 적중' 중 이번 장에서는 시중을 이야기해 보겠습니다.

오십이 되면 문득 이런 생각이 듭니다. '인생은 결국 때를 맞추는 게임이었구나' 하고 말입니다. 초등학교 시절 좋은 선생님을 만났기에 길을 잃지 않았다는 사람도 있고, 결혼 역시 때가 맞아야 한다고 말하는 사람도 있습니다. 직업의 선택, 회사나 조직과의 만남, 승진과 이직까지도 시간이 지나고 나서야 때의 중요성을 깨닫게 됩니다.

쌀농사에도 때가 있고, 고기잡이에도 적절한 때가 있습니다. 수출과 수입, 장사에서도 다 때가 성패를 좌우합니다. 그런데 인생 전반을 살아온 우리는 때를 몰라 놓친 일이 많았습니다. 이제 오십을 맞은 지금, 우리는 묻습니다.

'앞으로는 때를 맞출 수 있을까?'
'어떻게 해야 인생의 시중을 잘 이룰 수 있을까?'

그에 대해 공자는 이렇게 말했습니다.

군자의 중용은 군자답게 하면서도 때를 맞추는 것이다.

때를 잘 맞추고 싶다면 먼저 군자가 돼야 합니다. 여기서 군자는 다른 사람을 이끄는 리더만을 뜻하지 않습니다. 오십에 이른 지금, 우리는 무엇보다 먼저 내 인생의 리더가 돼야 합니다. 인생 전반전을 돌아보며 부족했던 점을 솔직히 인정하고, 후반부에는 어떻게 해야 한 단계 더 깊고 발전된 삶을 살 수 있을지를 고민해야 합니다. 그것이 곧 나를 이끄는 리더십의 시작입니다.

이제는 남의 시선을 따라가는 삶이 아니라 내 삶의 중심을 붙잡고 자신의 리더가 되는 삶을 살아야 합니다. 그래야 인생의 때를 더 잘 맞출 수 있습니다. 오십 이전에 놓쳤던 것들이 있다손 치더라도 괜찮습니다. 후반은 다르게 살아갈 수 있습니다.

시중, 때를 아는 지혜

《중용》이라는 책에서 중용이라는 단어가 가장 먼저 등장하는 곳은 어딜까요? 바로 제2장입니다. 이 단어는 자사가 먼저 사용했을까요, 아니면 공자가 먼저 사용했을까요? 공자입니다. 그래서 《중용》에 공자의 말씀이 그렇게 많이 인용된 것입니다.

중니께서 말씀하셨다. "군자는 중용하고, 소인은 중용을 어긴다."

중니(仲尼)는 공자의 자(字)입니다. 중(仲)은 둘째를 의미하며, '니구(尼丘)산 아래에서 태어난 둘째 아들'이라는 뜻입니다. 아버지는 숙량흘(叔梁紇)이고 이름은 구(丘)이며, '공자'는 '공 선생님'이라는 뜻의 존칭어입니다.

인용문으로 돌아가면, 군자는 중용을 이루지만 소인은 중용을 이루지 못하고 중도에 포기하거나 중용에 반하는 언행을 한다는 뜻입니다. 리더는 균형과 조화를 지키며 상황에 맞는 길을 걸어가며, 극단으로 치우치지 않고 중심을 잡으며, 본성에 맞는 도리를 따라갑니다. 하지만 보통 사람은 균형을 지키지 못하고, 지나치거나 부족하여 흔들리며 살아갑니다.

예나 지금이나 크게 다르지 않습니다. 리더는 자기 삶을 주도적으로 이끌며 때에 맞게 행동하지만, 보통 사람은 순간의 감정과 욕심에 휘둘려 삶의 균형을 잃기 쉽습니다. 리더는 자기 인생을 스스로 끌고 가지만, 보통 사람은 인생에 끌려갑니다.

인생 오십에 느끼는 중은 조금 더 특별합니다. 중용의 중은 중화, 시중, 집중, 적중입니다. 《중용》 제2장에서 자사는 공자의 말씀을 빌려 시중을 설명합니다.

군자는 때에 맞게 하고, 소인은 거리낌이 없다.

군자는 때를 잘 선택할 줄 아는 지혜를 가진 사람 또는 가져야 하는 사람이라고 정의한 거죠. 리더는 시중합니다. 때를 살펴 말하고, 상황을 헤아려 행동합니다. 팀장이 팀원에게 조언할 때도, 바쁜 회의 자리에서 다그치기보다는 여유 있는 순간에 따뜻하게 건네면 마음이 열립니다. 자녀를 훈계할 때도, 화가 난 상태가 아니라 마음이 차분해졌을 때 얘기해야 비로소 울림이 생깁니다. 군자의 시중이란 곧 '언제, 어떻게 하느냐', 즉 때를 아는 지혜입니다.

반대로 소인은 기탄(忌憚)없이 합니다. 하고 싶은 말을 다 하고, 순간의 화를 참지 못해 던져 버립니다. 관계의 결과는 생각하지 않고 지금 내 마음만 풀면 그만이라고 여깁니다. 그래서 갈등이 커지고, 나중에는 자신도 후회하게 되죠. 작은 차이 같지만, 삶을 바꾸는 힘이 바로 여기서 나옵니다. 리더는 때를 기다려 적절한 균형을 이루고, 소인은 때를 가리지 못해 스스로 얽매입니다.

우리가 살아가는 매 순간은 선택의 연속입니다. 공부를 언제 시작할지, 사업 시작의 기회를 언제 잡을지, 중요한 말을 언제 건넬지 등에 따라 삶의 무게가 달라지기 때문입니다. 시중은 '언제'를 아는 것입니다. 아무리 훌륭한 계획이라도 때를 놓치면 무용지물이 되고, 너무 서두르면 실패로 이어집니다.

때의 중요성은 아무리 강조해도 지나치지 않습니다. 공부도 일도 사업도 사랑도 다 때가 있죠. 너무 늦어도 너무 일러도, 너무 서둘러도 너무 천천히 해도 문제가 되니 그 적절한 시기를 맞춘다는 것은 여간 정성을 들이지 않고는 해낼 수 없습니다. 시중이란 바로 이처럼 흐름을 읽고, 자신의 노력을 가장 알맞은 순간에 집중시키는 지혜를 뜻합니다.

일터에서의 시중은 더 결정적입니다. 신제품을 내놓을 때, 너무 앞서가면 시장이 준비되지 않았고 너무 늦으면 경쟁에서 밀려나게 됩니다. 스마트폰 출시도 AI 출시도 마찬가지입니다. 너무 이른 승진도 너무 늦은 승진도 직장 생활에 독이 되긴 마찬가지입니다. 이직이나 전직도 마찬가지입니다. 정말 쉽지 않은 판단입니다. 때를 맞춘다는 것, 가장 적당한 시기를 결정하고 행동한다는 것은 어쩌면 세상에서 가장 어려운 일인지도 모릅니다.

오십 이후의 삶은 전반에 이은 단순한 이어달리기가 돼서는 안 됩니다. 이제는 내가 내 삶을 지휘하는 지휘자가 돼야 합니다. 나를 믿고, 나를 이끌며, 나를 성장시켜야 합니다. 그 길에서 우리는 조금 더 분명하게, 조금 더 단단하게 때를 맞출 수 있습니다.

흔들림 없이
제자리에 도달하라

| 집중 |

(순임금은) 양단을 모두 고려하여

그 알맞은 도리를 백성에게 적용하셨다.

執其兩端 用其中於民

집기양단 용기중어민

《중용》 제6장

 중용의 '중화, 시중, 집중, 적중' 중 이번 장에서는 집중과 적중을 이야기하겠습니다.

흔들리지 않는 균형의 지혜, 집중

집중은 양극단을 두루 고려하여 그 가운데를 잡는다는 의미입니다.

공자는 순임금을 성인으로 높이며 가장 이상적인 통치자, 통치자의 본보기로 삼았습니다. 순임금은 지나치지도 부족하지도 않았고, 어느 한쪽으로 치우침 없이 마땅하고 떳떳하게 일을 처리했습니다. 집중의 도리를 몸소 실천하며 백성에게 베푼 것입니다. 《논어》에는 요(堯)임금이 순임금에게 전한 유명한 어록이 하나 있습니다.

참으로 그 중을 잡아라.
윤집기중
允執其中

나라를 다스리는 데 치우침을 경계하고, 모든 판단의 중심에 바른 도리를 두라는 당부였습니다. 정치는 단순히 양쪽을 절충하는 타협이 아니라 극단을 고려하여 가장 합당한 도리를 중심에 세우는 일임을 보여 줍니다.

오늘날 우리는 종종 자기 입장만이 옳다고 주장하며 다른 쪽의 목소리는 쉽게 외면합니다. 그러나 순임금은 세상을 다스리는 가장 큰 지혜가 어디 있는지를 이미 수천 년 전에 보여 주었습니다. 양쪽 끝을 붙들어야만 중심을 제대로 세울 수 있다는 것, 그리고 그 중심이야말로 모든 백성을 위한 길이라는 점을 말입니다. 순임금의 정치는 곧 중용이 살아 움직이는 모습이었습니다. 그것은 백성을 사랑하는 가장 깊고 성숙한 방식이자, 오늘을 살아가는 우리에게도 여전히 필요한 지혜입니다.

나이가 오십을 넘어서면 한쪽 끝에만 매달리던 젊은 날과 달리 이제는 양극단을 바라볼 줄도 알고, 그 사이에서 가장 알맞은 자리를 찾을 줄도 알아야 합니다. 알면서도 행동하지 못했던 것들, 옳음을 알고도 지키지 못했던 것들을 돌아보며 '집중'이라는 이름의 지혜를 마음에 품어야 할 때죠. 집중은 말 그대로 가운데를 붙잡는다는 뜻입니다. 중심을 잃지 않고 균형을 지키는 일, 그것이 집중입니다.

집중은 쉽지 않습니다. 우리는 누구나 자신이 옳다고 믿는 쪽으로 기울기 마련입니다. 가정에서조차 남편은 남편의 입장, 아내는 아내의 입장만 고집하기 쉽습니다. 그러다 보면 사소한 일에도 다툼이 생기고, 시댁과 처갓집의 일로 마음이 틀어지기도 합니다. 부모와 자식 사이에서도 마찬가지입니다. 부모는 '내가 더 잘 안다'는 생각에 치우치고, 자식은 '내 삶은 내 것'이라는 주장으로 치닫습니다. 제삼자가 보기에는 한쪽으로 기울어져 있지만, 각자 자기 중심이 굳건하다고 생각하며 치우침을 깨닫지 못합니다. 개인의 경력 관리에서도 그렇습니다. 위기가 닥쳤을 때 양극단으로 치닫기보다는 중간을 잡는 지혜가 필요합니다. 그러나 말처럼 쉬운 일이 아니죠. 세상에서 가장 어려운 일이라고 해도 과언이 아닙니다. 아마도 그래서 2,000년 전부터 중용의 지혜가 강조돼 왔는지도 모릅니다.

정치를 하는 사람이라면 양극단을 두루 살펴 시민에게 알맞은 도리를 베풀어야 합니다. 자기편의 이익만을 대변하는 것은 수천 년 전의 정치가보다 못한 태도입니다. 더구나 상대의 발목을 잡으며 자신의 안위에만 급급하다면, 그야말로 정치라고 부르기조차 민망하죠. 특히 정치를 꿈꾸는 이들에게 집중의 의미는 아무리 강조해도 지나침이 없습니다.

집중의 길은 시행착오의 연속입니다. 그러나 실패를 두려할 일은 아닙니다. 비행기가 항로를 벗어났다가도 끊임없이 수정하며 목적지에 도착하듯, 우리 인생 역시 중도를 벗어나더라도 치명적인 일탈만 막아 낸다면 결국 안전하게 목적지에 다다를 수 있습니다. 중요한 것은 벗어났음을 알아차리고, 다시 중심으로 돌아오는 힘입니다. 그 힘이 곧 집중의 지혜입니다.

삶에서 집중을 지킨다는 것은 어느 한쪽만을 옳다고 주장하는 대신 서로의 입장을 헤아리고, 이익보다 관계를 먼저 생각하며, 순간의 편리함보다 장기적인 조화를 택하는 일입니다. 그것은 타인에게만이 아니라 자기 자신에게도 필요합니다. 흔들리는 마음을 붙잡고 지나친 욕망과 두려움에서 중심을 되찾을 때, 우리는 비로소 성숙한 인간으로 한 뼘 더 성장할 수 있습니다. 오십의 나이에 인생의 안전판으로 '집중의 지혜'를 잃지 않는다면, 우리가 맞닥뜨릴 수많은 갈등과 선택 속에서도 흔들림 없는 길을 걸어갈 수 있습니다. 중도를 지키는 일이 단순한 타협이 아니라 나와 이웃 모두를 살리는 길임을 마음 깊이 새기며 살아간다면, 오십 이후의 인생은 훨씬 더 단단하고 넉넉해질 것입니다.

성취하는 힘, 적중

적중은 《중용》에 등장하는 용어는 아니지만 중용을 실천하는 데 무시할 수 없는 중요한 개념입니다. 시중과 집중이 있어도, 성취로 이어지지 않으면 헛수고가 됩니다. 적중은 결과를 이루는 힘입니다. 화살을 쏘아 과녁을 정확히 맞히듯, 시작한 일을 끝내 결실로 만들어 내는 정성과 실천입니다.

개인의 삶에서 적중은 작은 습관으로 드러납니다. 마라톤 완주를 목표로 한 사람이 매일 조금씩 달리기를 이어 가 결국 결승

선을 통과할 때, 그것은 단순한 체력의 문제가 아니라 끝까지 이어 간 정성의 결과입니다. 공부에서도, 계획을 세우고 끝까지 마무리하는 힘이 적중입니다. 조직에서는 더욱 분명합니다. 기업들은 수많은 프로젝트를 기획하지만 실제로 성공적으로 적중시키는 결과는 극소수입니다. 삼성전자와 SK하이닉스가 반도체 산업에 집중하여 마침내 세계 1, 2위를 겨루는 것은 단순한 기술력의 문제가 아니라 끝내 성취해 내는 '적중의 힘' 덕분이었습니다.

시중이 없으면 기회를 놓치고, 집중이 없으면 과정에서 흔들리며, 적중이 없으면 결실이 없습니다. 이 세 가지는 따로 떨어져 있지 않고 하나의 순환을 이룹니다. 개인의 삶에서는 때를 읽고(시중), 흔들림 없이 중심을 지키며(집중), 끝내 성취하는 힘(적중)이 있을 때 비로소 꿈이 현실이 됩니다. 조직에도 마찬가지입니다. 변화의 물결 속에서 시중으로 기회를 잡고 집중으로 가치의 중심을 붙잡으며, 적중으로 성과를 완성할 때 비로소 지속 가능한 성장을 이룰 수 있습니다.

중용은 단순히 '치우치지 말라'는 말이 아닙니다. 우리 삶의 매 순간에 언제, 어떻게, 어디까지 갈 것인가를 묻는 근본적인 지혜입니다. 시중·집중·적중이 함께하는 길에서 우리는 더 늦지도 이르지도 않게, 흔들리지 않고, 반드시 성취하며 살아갈 수 있습니다.

인생을 완성하는
균형과 때, 중심과 성취

| 균형 |

중용은 지극하도다. 능히 오랫동안 행할 수 있는 사람이 드물구나.

中庸其至矣乎 民鮮能久矣

중용기지의호 민선능구의

《중용》 제3장

지금까지 살펴봤듯이, 중은 단순히 '가운데'라는 의미를 넘어 훨씬 깊고 넓습니다. 양쪽의 중간을 취하는 타협이 아니라 상황마다 가장 올바른 길을 찾아내는 적극적인 지혜입니다. 그래서 옛사람들은 중용을 여러 결로 풀어 설명했습니다.

먼저 중용은 중화에서 출발합니다. 지나치지도 모자라지도 않은 마음, 격한 기쁨 속에서도 절제를 알고 깊은 슬픔 속에서도 무너지지 않는 태도가 바로 중화입니다. 이 균형과 조화의 마음이 바탕이 돼야 다른 덕목도 힘을 얻습니다.

그러나 단순히 조화만으로는 충분하지 않습니다. 삶에는 언제나 때가 있습니다. 그래서 시중이 필요합니다. 리더는 어떤 상황에서도 그 상황과 때에 맞는 바른길을 잡아내는 사람입니다. 말과 행동의 시기를 맞추는 일, 곧 타이밍의 지혜가 시중입니다.

거기에 더해 집중의 지혜가 필요합니다. 집중은 양극단을 모두 살피고 그 사이에서 중심을 놓치지 않는 태도입니다. 나라를 다스리는 데 치우침을 경계하고 모든 판단의 한가운데에 도리를 세우라는 가르침입니다. 이는 정치뿐 아니라 개인의 삶에도 똑같이 적용됩니다. 누구나 한쪽으로 기울기 쉽지만, 그때마다 중심을 다시 붙드는 힘이 집중입니다.

하지만 중은 여기서 그치지 않습니다. 단순히 중심만 지키는 것이 아니라 실제로 목표를 맞히는 적중이 필요합니다. 아무리 조화롭고 균형 잡혀도 구체적 현실에 맞지 않는다면, 그것은 중용이 아닙니다. 적중은 원칙이 추상적 차원에 머무르지 않고 현실에서 실질적인 성과와 결실로 이어지는 힘을 뜻합니다.

마지막으로 반드시 더해져야 하는 것이 있습니다. 바로 용입니다. 아무리 중화와 시중, 집중과 적중이 잘 이루어져도 꾸준한 노력이 뒷받침되지 않으면 결실은 장담할 수 없습니다. 용은 흔들림 없는 지속의 힘, 늘 같은 마음으로 이어 가는 성실함입니다. 하루의 지혜는 누구나 낼 수 있지만 10년, 20년을 한결같이 이어 가는 것은 성인의 길입니다. 중용의 '용'은 바로 이 한결같음을 말합니다.

이렇게 보면, 중용은 단순히 가운데를 택하는 소극적 선택이 아닙니다. 그것은 균형 잡힌 마음으로 때에 맞게, 극단을 살피며, 목표를 정확히 겨누고, 끝까지 한결같이 이어 가는 삶의 태도입니다. 다시 말해 '최적의 순간에, 최고의 집중력으로, 가장 목표에 맞게, 흔들림 없이 꾸준히 성취해 가는 과정'이 바로 중용입니다.

오늘을 사는 우리에게도 이 지혜는 여전히 빛을 발합니다. 격한 기쁨과 깊은 슬픔 속에서도 중심을 잃지 않고, 치우치지 않으면서도 현실에 정확히 맞추어 한결같이 힘쓰는 삶. 그것이야말로 오래된 중용의 도가 오늘의 우리에게 건네는 가르침일 것입니다.

중용의 길에 선 지천명

공자는 자신의 오십을 지천명이라고 불렀습니다. 하늘의 뜻을 알았다는 말이죠. 그러나 막상 오십을 살아 보면 '안다'는 것이 단순히 지식만 가리키는 것이 아님을 알게 됩니다. 앞만 보고 달리던 삼십과 사십의 시간은 어느새 저만치 흘러가 버렸고, 남은 인생의 무게와 방향을 가늠해야 하는 나이가 됐습니다. 인생의 후반전이 시작되는 이 시기는 그동안 쌓아 온 경험과 지혜가 열매를 맺을 수 있는 시간이지만, 동시에 불안과 흔들림이 찾아오는 시기이기도 합니다. 어쩌면 중용의 지혜가 가장 필요한 시기가 오십일지도 모릅니다.

균형을 잃지 않으면서도 중심을 붙드는 힘, 그것이 중용입니다. 오십 이후의 경력에는 이 집중의 지혜가 필요합니다. 오십에는 자신이 여전히 모든 것을 해낼 수 있다는 과도한 자신감에 빠지기 쉽고, 반대로 이제는 모든 것이 끝났다는 허무와 체념에 사로잡히기 쉽습니다. 그러나 길은 늘 그 사이에 있습니다. 현실을 냉정하게 직시하면서도 포기하지 않고, 경험과 지혜를 바탕으로 새로운 기회를 모색하는 것, 그것이 오십 이후 경력자의 길입니다. 여기에 꾸준함이라는 용의 힘이 더해질 때, 후반의 경력은 더욱 빛을 발합니다. 성과가 하루아침에 나오지는 않을 것입니다. 그러나 작은 변화라도 성실히 이어 가는 지속성은 오십의 삶을 단단하게 세워 줍니다.

가정에서의 오십은 또 다른 짐을 짊어집니다. 자녀의 성장과 독립을 바라보는 한편, 연로한 부모를 돌봐야 하는 책무가 동시에 다가옵니다. 부부 관계 역시 오랜 세월이 쌓이면서 자칫 권태와 습관에 갇히기 쉽습니다. 이때 가장 필요한 것이 중화의 마음입니다. 지나치지도 모자라지도 않은 조화, 그것이 가정의 평안을 지켜 냅니다. 부모의 입장만 고집하거나 자녀의 목소리만 강조하는 순간 균형은 깨집니다. 아내와 남편이 서로의 자리를 존중하며 한 걸음 물러서는 마음이야말로 오십의 가정을 지탱하는 힘입니다. 중화는 단순히 갈등을 피하는 소극적 태도가 아닙니다. 오히려 서로의 마음을 깊이 헤아리고 양보함으로써 가정을 성숙의 터전으로 만드는 적극적인 태도입니다.

사회에서 오십은 더 이상 젊은이가 아닙니다. 오십의 사회적 역할은 가볍지 않습니다. 이때 필요한 것이 바로 시중의 태도입니다. 사회의 문제는 언제나 단순하지 않고, 정답은 하나가 아닙니다. 때로는 앞장서야 하고, 때로는 조용히 물러나야 합니다. 언제 말해야 하는지, 언제 침묵해야 하는지, 언제 나서야 하고 언제 양보해야 하는지를 아는 것, 그것이 시중의 지혜입니다. 원칙만을 강조해도 안 되고 현실만 좇아도 안 됩니다. 중요한 것은 원칙과 현실을 잇는 균형입니다. 오십의 어른이 이 균형을 잃지 않을 때, 사회는 건강하게 흐르고 후배 세대는 신뢰 속에서 성장할 수 있습니다.

오십은 또한 인생의 꿈을 새롭게 정리해야 하는 시기이기도 합니다. 젊은 날의 꿈이 이상에 가까웠다면, 오십 이후의 꿈은 현실에 뿌리내린 결실에 가깝습니다. 이제는 목표를 더욱 분명히 해야 하고, 그 목표를 향해 힘을 모아야 합니다. 막연한 희망이 아니라 구체적이고 현실적인 성취를 향해야 합니다. 이것이 적중의 지혜입니다. 인생의 마지막 화살을 허공에 흘려보내지 않고 과녁에 맞히는 일, 그것이 오십 이후의 꿈과 성취입니다. 오십의 꿈은 개인적 욕망을 넘어 가족과 사회, 후배 세대에도 의미 있는 성취로 이어져야 합니다. 그래야만 보람이 되고, 그것이 적중의 길이 됩니다.

인간관계는 오십 이후 더욱 성숙해야 합니다. 젊은 날에는 관계를 넓히는 것이 중요했다면, 이제는 관계를 다듬고 정리하며 깊게 하는 것이 중요합니다. 불필요한 관계를 비우고 남은 관계를 단단하게 이어 가는 것이 오십의 지혜입니다. 이때 무엇보다 필요한 것이 중용의 덕입니다. 인간관계는 하루아침에 만들어지지 않습니다. 오랜 시간 쌓인 신뢰, 한결같은 성실함, 약속을 지키고 작은 관심을 놓치지 않는 태도가 관계를 지켜 줍니다. 꾸준함이 없는 관계는 쉽게 허물어지지만, 꾸준함이 깃든 관계는 시간이 흐를수록 더 깊고 단단해집니다.

중용은 중화와 시중, 집중과 적중, 그리고 꾸준한 실천으로 이어집니다. 균형 잡힌 마음으로, 때를 알고, 중심을 붙들며, 목표를 정확히 거누고, 한결같이 이어 가는 삶. 이것이 오십 이후에 우리가 걸어야 할 길입니다.

중용의 길은 결코 쉽지 않습니다. 때로는 모호하게 느껴지고, 때로는 흐릿해 보입니다. 그렇지만 세상을 오래 산 이들이 한결같이 전한 지혜가 바로 중용이었습니다. 어렴풋해서 손에 붙잡히지는 않지만, 그만큼 깊고 무겁습니다. 단순해 보여도 그 안에는 인생을 붙드는 큰 도리가 담겨 있습니다.

공자조차 중용이 쉽지 않은 과제였음을 《논어》와 《중용》에서 자주 말했습니다.

중용은 지극하도다.
중용을 능히 오랫동안 행할 수 있는 사람이 드물구나.

감정의 노예가 되지 않는 것도, 때를 맞추면서 인생을 사는 것도, 집중도 적중도 다 그렇습니다. 그래서 자사도, 공자도 이를 지적한 것입니다. 중용의 도나 중용의 덕을 이루기 위해서는 감정과 일에 얼마나 집중해야 할까요? 얼마나 정성을 들여야 할까요? 그러니 그렇게 해낼 수 있는 사람이 드물다고 공자가 안타까워한 것입니다.

중용의 지극함은 하늘의 지극함과 통해 있는지도 모릅니다. 중용함은 하늘의 도이며, 중용하려 노력함은 사람의 도인지도 모릅니다. 하늘과 자연은 그저 중화로써 중용이 되어 흔들림 없이 돌아가고 그 하늘의 본성을 사람이 그대로 닮았으니, 우리도 그렇게 중화의 중용이 될 수 있다는 가능성과 희망을 공자와 자사가 이야기한 것입니다.

"하늘을 닮은 우리도 할 수 있다. 해 보자!"

자사가 그렇게 외치는 듯합니다.

다시 배우려는 겸손한 사람이 지혜로운 사람이다

| 편견 |

공자께서 말씀하셨다.

"사람들은 모두 자기가 지혜롭다고 말하지만,

그물이나 덫, 함정에 몰아넣어도 그것을 피할 줄을 알지 못한다.

사람들은 모두 자기가 지혜롭다고 말하지만,

중용을 선택하더라도 한 달을 지켜 내지 못한다."

子曰 人皆曰予知

驅而納諸罟攫陷阱之中 而莫之知辟也

人皆曰予知

擇乎中庸 而不能期月守也

자왈 인개왈여지

구이납저고획함정지중 이막지지피야

인개왈여지

택호중용 이불능기월수야

《중용》제7장

사람들은 자신을 잘 안다고 믿습니다. 자신이 옳고, 자신이 남보다 낫다고 생각합니다. 혼자 있을 때나 함께 있을 때나 그 마음은 크게 다르지 않습니다. 자신보다 뛰어난 사람을 만나면 속으로 질시하며 '나도 너보다 못하지 않다'고 여기고, 자신보다 부족해 보이는 사람을 만나면 대놓고 무시하며 '나는 너보다 낫다'고 생각합니다. 결국 우리는 저마다 자기 잘난 맛에 사는 것인지도 모릅니다.

지혜에 대해서도 사정은 비슷합니다. 사람들은 종종 자신이 지혜롭다고 믿습니다. 넘어지고 깨지며 얻은 상처 위에서 지혜가 자란다고 생각하고, 책을 많이 읽고 공부를 많이 했기에 생각이 깊다고 자부합니다. 실수를 덜 한다는 이유로 자신을 기준으로 삼기도 하고, 나름의 철학과 신념을 지녔다는 사실만으로 지혜롭다고 여깁니다. 심지어는 예전에 주변에서 들었던 '똑똑하다'는 한마디를 붙들고 스스로 지혜롭다고 착각하기도 합니다.

그러나 진짜 지혜는 자신이 얼마나 부족한지를 아는 데서 시작됩니다. 스스로 지혜롭다고 생각하는 사람은 사실 지혜롭지 않습니다. 스스로 지혜롭다고 말하는 사람은 더더욱 지혜롭지 않습니다. 분수를 알고 자신을 낮출 줄 아는 사람, 남과 나를 구분할 줄 알고 옳고 그름을 분별할 줄 아는 사람, 어제와 오늘을 가르고 진실과 거짓을 식별할 줄 아는 사람, 그런 사람이야말로 지혜로운 사람입니다. '나는 나이기에 맞고, 너는 너이기에 틀리다'는 태도는 지혜가 아니라 아집입니다. 본능에 따라 움직이는 동물의 태도에 더 가깝습니다. 때로는 굳은 신념이 다른 이의 삶을 이해하는 데 장벽이 되기도 하고, 쌓아 올린 지식이 오히려 마음을 닫게 하기도 합니다.

사람들은 모두 자신이 지혜롭다고 말합니다. 그러나 정작 삶이 던지는 그물과 덫, 함정 앞에서는 속수무책으로 걸려들곤 합니다. 알고 있었지만 피하지 못하고 예상했지만 대비하지 않음으로써 지혜의 부재를 드러냅니다.

직장에서 권력 다툼에 휘말리는 경우가 그렇습니다. 승진을 앞뒀거나 인정받고 싶은 마음에 말 한마디, 선택 하나가 자신의 본심과 다르게 흘러갈 때가 있습니다. 자신이 지혜롭다고 믿으면서도 눈앞의 이익이라는 덫을 피하지 못하는 겁니다.

자녀 교육에서도 마찬가지입니다. 아이를 위한다는 마음으로 간섭하고 성과를 독촉해 결국 아이의 마음을 잃고 관계에 금이 가는 일들이 종종 있습니다. 그 순간에도 부모는 "다 너를 위해서 그러는 거야"라고 말하지만, 그 말이 진심으로 전해지지 않을 때 그 또한 함정이 되곤 합니다.

인간관계에서의 무심한 말과 태도에서도 그렇습니다. 오랜 친구, 배우자, 동료에게 '이 정도는 괜찮겠지'라는 안일함으로 상처를 주어 소중한 관계를 놓치는 일도 많습니다. 지혜란 내가 모를 수도 있음을 인정하는 데서 시작됩니다. 안다고 생각하는 순간 삶은 조용히 또 다른 덫을 준비할지도 모릅니다.

편견을 넘어서는 지혜

나이 오십이 되면 이제는 세상 풍파를 다 겪었다고 흔히들 생각합니다. 산전수전, 공중전까지 모두 지나왔다고. 그래서 다른 사람의 말이나 충고 또는 젊은 세대의 의견을 쉽게 받아들이지 않습니다. "내가 해 봤는데 그건 안 돼", "세상은 그렇게 단순하지 않아"라며 자신의 경험을 절대 기준처럼 내세웁니다. 물론 오십까지 살아온 경험은 소중한 자산이지만, 그것이 언제나 옳다고 할 수는 없습니다. 경험은 지혜를 키우기도 하지만 때로는 편견을 더욱 굳히기도 합니다.

  정치적 편견이 그렇고, 사회적 편견이나 직업적 편견도 마찬가지입니다. 심지어는 사람을 이해하는 데조차 편견이 앞서곤 합니다. 누군가를 만나면 이미 머릿속의 기준으로 평가를 내리고 다른 목소리는 들으려 하지 않습니다.

  하지만 세상은 변하고, 사람도 달라집니다. 어제의 경험이 오늘의 정답이 아닐 수 있습니다. 오십이라는 나이가 참으로 위험한 지점인 까닭이 여기에 있습니다. 스스로 지혜롭다고 믿지만, 사실은 오래된 생각에 자신을 가둬 버리기도 합니다.

  만약 내가 정말 지혜로운 사람이라면, 내 인생의 결실도 마땅히 빛나야 하지 않겠습니까? 그런데 냉정히 돌아보면, 그렇지 않은 경우가 더 많습니다. 살아온 시간만큼 성숙해야 하는데, 현실은 여전히 갈등과 후회와 미련 속에 머무르는 경우가 많습니다. 지혜라고 믿는 그 확신이 오히려 나를 더 작게 만드는지도 모릅니다.

  30~40대에는 그래도 희망이 있습니다. 아직 새로운 길을 만들 가능성이 남아 있기 때문입니다. 그러나 오십에도 여전히 자기 확신에만 매달리고, 남의 말을 듣지 않고, 세상을 바라보는 눈을 새롭게 열지 못한다면 희망은 서서히 사라져 버릴지도 모릅니다. 오십은 인생의 끝이 아니라 후반의 출발입니다. 그 출발선이

겸손과 성찰 위에 세워져야만 진짜 희망이 됩니다. 내 판단이 언제나 옳지 않을 수도 있다는 사실을 인정하는 것, 그것이 어쩌면 가장 큰 지혜일지 모릅니다. 마음을 열고 타인의 이야기에 귀 기울일 때, 늦은 듯하지만 다시 시작할 수 있는 길이 열립니다. 오십은 여전히 배움의 나이이기 때문입니다.

공자가 지혜롭다?

도올 김용옥 선생은 앞서 제시한 인용구의 주인공이 공자 자신이라고 생각하여 다음과 같이 해석했습니다.

공자께서 말씀하셨다.
"사람들은 모두 내가 지혜롭다고 말하지만,
나를 그물이나 덫, 함정에 몰아넣어도 그것을 피하는 방법을 알지 못한다.
사람들은 모두 내가 지혜롭다고 말하지만,
나는 중용을 선택하더라도 한 달을 지켜 내지 못한다."

《논어》에는 이를 증명이라도 하듯 비슷한 문장이 자주 등장합니다. 《논어》〈공야장편〉에는 이런 얘기가 나옵니다.

공자가 한번은 제자인 자공(子貢)에게 "너와 안회 중 누가 더 낫다고 생각하느냐?"라며 다소 장난스러운 질문을 했습니다. 자공은 조금의 망설임도 없이 "제가 어찌 감히 안회를 바라보겠습니까? 안회는 하나를 들으면 열을 알지만, 저는 하나를 들으면 두 개밖에 알지 못합니다"라고 답했습니다. 그러자 공자도 이런 결론을 내렸습니다.

"그렇지, 그만 못하지. 너나 나나 그만 못하지."

공자의 수제자 안회는 스승에게서조차 '나보다 낫다'는 평가를 들은 인물, 그야말로 청출어람의 제자였습니다. 그 까닭을 공자는 《논어》〈옹야편〉에서 더 분명히 설명합니다.

안회는 석 달 동안 인에서 벗어나지 않지만,
그 나머지 제자들은 하루나 한 달에 한 번 인에 이를 뿐이다.

중용이 그만큼 쉽지 않음을 공자와 자사는 반복하여 말합니다.

마음을 치우침 없이
지켜 낸다는 것

| 도전 |

공자께서 말씀하셨다.

"천하와 국가도 고르게 다스릴 수 있고, 벼슬이나 봉록도 사양할 수 있으며,

하얗게 날 선 칼날도 밟을 수 있지만, 중용은 제대로 해낼 수 없다."

子曰 天下國家可均也 爵祿可辭也

白刃可蹈也 中庸不可能也

자왈 천하국가가균야 작록가사야

백인가도야 중용불가능야

《중용》 제9장

대여섯 살 무렵 동네 굿판에서 무당이 두 날이 선 작두를 타는 모습을 아주 가까이서 본 적이 있습니다. 그 장면은 지금도 기억에 선명합니다. 마루 위에 놓인 작두는 장식이 아니었습니다. 시퍼렇게 날이 서 있었고, 촛불에 반사돼 번뜩이는 칼끝은 숨을 삼키게 할 만큼 날카로웠습니다.

맨발로 작두 위에 오른 무당의 얼굴에는 두려움이 전혀 없었습니다. 처음에는 조심스레 발을 옮기더니, 이내 발끝에 힘을 싣고 상체를 흔들며 천천히 춤을 추기 시작했습니다. 저는 숨을 죽인 채 그 광경을 지켜봤습니다. 저 날카로운 칼날 위에서, 단 한 번의 실수로 피가 될 수도 있는 자리에서 어떻게 저토록 고요하고 단단할 수 있을까.

작두는 단순한 도구가 아니었습니다. 그것은 신과 인간, 현실과 비현실을 가르는 경계였고 무당은 그 위에서 신의 뜻을 온몸으로 받아 내는 듯 보였습니다. 때로는 칼날 위를 펄쩍 뛰어오르기도 했습니다. 그 순간 그녀는 신의 뜻을 잠시 몸에 품은 존재처럼 보였습니다. 어린 눈에 비친 그 장면은 말로 설명할 수 없는 신비였습니다. 그 시퍼렇게 날이 선 칼날을 밟고 설 수 있다는 백인가도(白刃可蹈)가 보통 일이 아닌데도 중용은 그보다 더 어렵다는 얘기입니다.

어떤 일은 잘할 수 있지만

누구나 최선을 다하면 일정한 성과를 거둘 수 있습니다. 사장은 회사를 성장시키기 위해 밤낮없이 전략을 짜고, 임원은 조직의 방향을 제시하며, 간부와 직원들은 각자의 자리에서 성실하게 일합니다. 그 과정에서 책임감, 끈기, 열정, 협업이 발휘되면 기업은 성과를 내고 사람들은 인정과 보상을 받습니다. 이처럼 기업 경영은 치열한 경쟁 속에서도 일정한 원리를 따르는 일이며, 결과로 증명할 수 있는 '보이는 성공'입니다. 노력한 만큼 결과가 나오는 이 세계는 분명한 질서와 보람이 있는 곳입니다.

하지만 공자는 말합니다.

나라를 잘 다스릴 수는 있어도, 중용을 행하기는 어렵다.

자사는 이를 이어받아, 우리가 어디에서 어떤 일로 최선을 다하더라도 중용을 따르는 일은 여전히 쉽지 않다고 했습니다. 중용의 도는 단지 성실하고 책임감 있게 일하는 것을 넘어 '지나치지도 모자라지도 않은 중심'을 지키는 것입니다. 감정과 욕망의 요동을 스스로 통제하며 말과 행동 하나하나에 조화를 담는 삶, 그것은 단순한 절제가 아니라 깊은 성찰의 결과입니다.

기업을 잘 경영하는 일은 연습과 경험으로 어느 정도 해낼 수 있지만, 욕심을 이겨 내고 나를 절제하는 일은 훨씬 어렵습니다. 때로는 전직이나 이직을 제안받았을 때, 신념에 따라 사양할 수도 있습니다. 승진과 연봉도 마다할 수 있고, 무거운 책임을 내려놓고 평범한 삶을 택할 수도 있습니다. 어떤 이는 불안정한 밥줄 앞에서도 자신의 자리를 묵묵히 지켜 냅니다. 이 모두는 분명 의미 있는 선택이며, 존경받아 마땅한 삶입니다. 하지만 중용의 도는 그 너머에 있습니다.

중용은 겉으로 잘 살아가는 것처럼 보이는 것과는 다릅니다. 늘 깨어 있는 마음의 상태이며, 흔들리지 않는 내면의 중심입니다. 남들 눈에 평온하고 성실하게 보여도 나 자신이 중심을 잃고 감정이나 습관, 타인의 시선에 흔들린다면 그것은 중용이 아닙니다. 성실함은 훈련으로 익힐 수 있지만, 중용은 마음 깊은 곳에서 나를 마주하고 이겨 내는 데서 출발합니다.

그래서 공자가 중용의 출발점으로 제시한 것이 '극기복례(克己復禮)'일지도 모릅니다. 나를 이기고 예로 돌아가는 일이죠. 우리는 살아가며 수많은 '나 자신'과 부딪힙니다. 조급함, 불안, 분노, 탐욕, 허영…. 이 모두는 외부에서 오는 것이 아니라 내 안에서 일어납니다. 그렇기에 세상에서 가장 어려운 싸움은 남이 아니라 '나'와의 싸움입니다. 하고 싶은 말을 삼키고, 참아야 할 순간에 자신을 꽉 붙들고, 말 한마디 행동 하나에도 중심을 잃지 않는 것. 이 모든 것이 중용의 길입니다.

　오늘도 우리는 일을 합니다. 책임을 지고, 문제를 해결하고, 목표를 세우고 달려갑니다. 그래서 겉으로는 성공하고 있는 것처럼 보일 수도 있습니다. 하지만 내 마음의 중심은 어디에 있는지, 매일 자신에게 물어보는 사람은 많지 않습니다. 더 많은 성과, 더 많은 인정, 더 큰 보상 앞에서 자신도 모르게 중심을 잃고 있는지도 모릅니다. 중용은 바로 그 순간에 우리에게 묻습니다.

　'지금 당신은 치우치지 않았는가?'

　기업을 이끄는 사장이나 임원이든, 성실한 간부와 직원이든, 각자의 자리에서 최선을 다하면 좋은 성과를 낼 수 있습니다. 하지만 흔들림 없는 삶, 타인을 배려하면서도 자신을 잃지 않는 삶, 균형 잡힌 내면의 질서를 유지하는 삶은 훨씬 더 어렵습니다. 그것은 중용의 도이며, 성실보다 더 높은 경지입니다.
　그러므로 우리는 자사의 제안을 기억해야 합니다. 어떤 일을 잘할 수는 있어도 중용은 쉽지 않다는 것을, 전직과 이직을 거부할 수는 있어도 중용은 거부가 아니라 '내면의 균형'을 요구한다는 것을, 밥줄의 유혹을 이겨 낼 수는 있어도 마음의 중심을 지키는 일은 더 고된 싸움이라는 것을 말입니다. 그렇기에 중용은 가장 높은 자리에 놓일 수밖에 없습니다.

성과를 내는 삶을 넘어 진정한 의미와 균형을 갖춘 삶을 살아가기 위해서도 중용은 필요한 도입니다. 그리고 그 길목에는 반드시 넘어야 할 고개가 있습니다. 바로 나를 이기는 일, 극기복례입니다. 중용으로 가는 첫걸음은 내 안의 '나'를 이기는 일이니까요.

나라도 잘 다스릴 수 있지만

자사는 다시 한번 중용이 쉽지 않음을 강조합니다. 사랑하는 두 사람이 모여 시작하는 가정도 오랫동안 화목하고 평화롭게 끌어가기가 쉽지 않습니다. 가구가 모여 마을이 되고 마을이 모여 읍이 됩니다. 이장도, 읍장도 마을과 읍을 무리 없이 평화롭게 끌어가기가 쉽지 않습니다. 작은 가정도 건사하기가 쉽지 않은 터이니 시장과 도지사는 더더욱 그렇습니다. 한 나라의 장관이나 대통령은 더 말할 나위가 없죠. 큰 나라나 작은 나라나 모든 구성원을 고르게 만족시키면서 정치를 해 나간다는 것은 불가능에 가까운 일입니다. 그런데 중용은 이보다도 더 어렵다는 겁니다.

조선 500여 년의 역사 속 27명의 왕과 황제 가운데 백성을 진심으로 위하고 바르게 다스린 이는 과연 몇이나 될까요? 대부분 사람이 세종과 정조만 꼽는다는 사실은 그런 정치가 얼마나 드물고 어려운 일인지를 보여 줍니다. 세종은 백성들이 글을 몰라 억울함조차 호소하지 못하는 현실을 안타까워하며 훈민정음을 창제했고 농사와 과학, 의학에도 힘써 백성의 삶을 실질적으로 개선하려 했습니다. 정조는 당쟁 속에서도 개혁을 추진하며, 규장각을 통해 인재를 양성하고 수원화성을 축조하여 이상과 현실을 아우르는 정치를 실현하고자 했습니다. 세종은 백성의 고통을 글자로 어루만졌고, 정조는 가능성을 제도 안으로 끌어들였습니다. 아무리 최선을 다해도 나라를 고르게 다스리는 일이 어렵다는 점을 반증하는 사례입니다. 설상가상으로 중용의 경지에 이르기란 이보다 더 어려운 일이라고 자사는 강조합니다.

대통령이 신임 장관을 지명한 뒤 열리는 청문회를 보면, 경륜과 경력은 훌륭하지만 크고 작은 흠결이 빠짐없이 드러납니다. 그런데도 과거의 잘못이 밝혀지면 반성하기는커녕 오히려 더 당당해지는 모습을 볼 때, 출세 앞에서 양심이 얼마나 쉽게 굴복하는지를 실감하게 됩니다.

벼슬을 사양한다는 말이 이제는 고리타분한 고사처럼 들리지만, 조선과 고려 시대에는 그런 사람들이 종종 있었습니다. 조선의 이황은 여러 차례 벼슬자리를 마다하고 학문과 도를 좇아 낙향했습니다. 율곡 이이도 나라를 바로 세우려 애썼지만, 뜻이 받아들여지지 않자 스스로 물러났습니다. 고려 말의 정몽주는 조선 건국에 협조하지 않고 고려에 충절을 지켰고, 김시습은 세조의 왕위 찬탈 이후 벼슬을 거부하고 평생을 떠돌았습니다.

이들은 권력을 거절한 것이 아니라 자신이 지켜야 할 더 높은 가치와 신념을 선택했습니다. 그러나 중용의 길은 그보다도 더 어렵습니다. 하다못해 벼슬은 내려놓을 수라도 있지, 내 마음을 다스리고 한쪽으로 치우치지 않는 삶을 살아간다는 것은 더 큰 수양과 자제가 필요한 일이기 때문입니다. 중용은 단순한 절제가 아니라 중심을 세우고 흔들림 없이 지키는 일입니다. 그것은 어떤 벼슬보다 더 어려운 도의 자리입니다.

가슴에 깊이 간직하고
오래 지킬 수 있는 힘

| 도리 |

공자께서 말씀하셨다.

"안회의 사람됨은 중용을 택하여 선한 일을 하나라도 얻게 되면 가슴속에 간직하여 그것을 잃지 않았다."

子曰 回之爲人也 擇乎中庸 得一善 則拳拳服膺而弗失之矣
자왈 호지위인야 택호중용 득일선 즉권권복응이불실지의

《중용》 제8장

《중용》이라는 책을 기술해 가는 자사의 전략이 두드러집니다. 자사는 공자의 말씀을 인용하여 중용을 오랫동안 행할 수 있는 사람이 드물다고 분석하면서 중용의 도로 백성을 다스렸던 순임금을 예로 들었습니다. 그러면서 보통 사람들에게 중용이 쉽지 않음을 다시 한번 상기시켰습니다. 사람들은 대개 자기가 지혜롭다고 말하지만, 중용을 택하고도 한 달을 지켜 내지 못함을 예로 들었습니다. 그러다가 《중용》 제8장에 이르러서는 중용을 실천했던 안회를 예로 들어 칭찬했습니다. 《중용》은 얼개가 탄탄한 한 편의 논문과도 같습니다.

안회는 공자가 가장 아끼고 사랑하는 제자였습니다. 사마천은 《사기》〈중니제자열전〉에서 안회를 소개했습니다. 안회는 공자보다 서른 살 어린 제자로, 공자의 고향인 노나라 출신이고 자는 자연(子淵)입니다.

공자는 '자기를 이기고 예로 돌아가는 것'을 인이라고 했고, 안회는 바로 그 가르침을 삶에서 실천한 인물이었습니다. 겉으로는 표를 내지 않았지만 스승의 뜻을 누구보다 깊이 이해하고 행동으로 옮겼으며, 가난 속에서도 불평하지 않고 누추한 골목에서 사는 것조차 즐거워할 줄 알았습니다. 공자는 안회의 그런 태도에 깊이 감동했고, 단지 가난을 견딘 것이 아니라 그 속에서도 삶의 균형과 품격을 잃지 않은 점을 높이 평가했습니다.

그는 스승의 가르침을 드러낼 때와 감출 때를 아는 지혜로운 사람이었습니다. 배우기를 좋아하고, 노여움을 남에게 옮기지 않으며, 같은 잘못을 되풀이하지 않았습니다. 그가 젊은 나이에 세상을 떠났을 때 공자는 "하늘이 나를 버렸다"라며 깊은 슬픔을 드러냈습니다. 안회는 인과 예를 두루 갖춘 진정한 군자였습니다.

중용은 안회와 같이

자사는 공자의 말씀을 들어 중용의 도를 실천하며 살았던 안회를 소환했습니다.

안회의 사람됨은 중용을 택하여 선한 일을 하나라도 얻게 되면 가슴속에 간직하여 그것을 잃지 않았다.

권권복응(拳拳服膺)에서 권권(拳拳)은 '주먹 권' 자를 두 번 써서 손에 꼭 쥐고 소중히 받들어 잡는 모습을 나타냅니다. 복응(服膺)은 '옷 복' 자와 '가슴 응' 자로 가슴속 깊이 각인한다는 의미입니다. 권권복응은 한마디로, 가슴속 깊이 간직하여 꼭 잡고 오랫동안 지닌다는 뜻입니다. 공자가 보기에 안회는 좋은 것을 얻거나 스승으로부터 좋은 이야기를 들으면 그것을 가슴속 깊이 간직하여 오랫동안 잃지 않았습니다.

잠시 되돌아봅니다. 오늘을 살아가는 우리에게는 많은 정보가 시도 때도 없이 밀려듭니다. 매일 SNS와 미디어를 통해 끝도 없이 들어오는 선정적이고 폭력적인 영상과 정보가 우리를 압도합니다. 눈으로 보거나 읽지만, 기억에서는 지워지는 일이 동시에 일어납니다. 휴대전화를 열면 그럴듯한 자료를 너무나 빠르게 얻을 수 있습니다. 예전 같으면 책 한 권을 끝까지 읽어야 얻을까 말까 했던 귀중한 이야기를 지금은 휴대전화만 열면 짧은 영상으로 끝없이 볼 수 있습니다. 어떤 것이 맞는 정보이고 어떤 것이 사이비 정보인지 판단하기도 어렵습니다. 권권복응하기에는 너무 많은 정보의 홍수 속에서 하루하루를 허우적거리며 이어 가고 있습니다.

돌 부스러기 같은 쓸모없는 정보와 쓰레기 같은 불필요한 지식은 많이 갖게 되지만, 우리의 삶에 축이 되고 기준이 되는 핵심 정보와 지혜는 안개처럼 흐릿하기만 합니다. 그래서 우리가 힘들고 위태로울 때 가슴에서 꺼내 쓸 권권복응의 지혜가 부족한 것입니다. 빠르고 매혹적인 휘발성 정보를 거부할 순 없어도 그것 때문에 권권복응해야만 하는 중요한 정보와 지혜를 놓쳐서는 안 됩니다. 그러니 빠른 유튜브도 필요하지만 가끔은 벽돌같이 두꺼운 책도 필요하고, 자동차가 아닌 발로 걷는 불편한 여행도 필요합니다. 가끔은 배고픔도 결핍도 필요하고 눈물도 한숨도 필요한 것입니다.

중용이 어렵지만 불가능하지는 않다

　중용의 실천은 공자와 자사만이 아니라 그 외 많은 주석가도 한목소리로 어렵다고 말했습니다. 최적의 시기에, 최고의 집중력으로, 목표에 적중하면서 성취해 가는 과정을 뜻하기에 결코 만만하거나 쉬운 일이 아닙니다. 그러나 어렵다고 해서 불필요하거나 포기해야 하는 것은 아닙니다. 오히려 그만큼 더 간절히 붙들어야 할 도입니다. 보통 사람에게는 다소 버겁게 보일 수 있지만, 리더라면 반드시 추구해야 하는 전략이자 삶의 원칙입니다. 어렵지만 가치 있는 길이기 때문입니다.

　마라톤 기록의 변화를 떠올려 봅니다. 불과 100여 년 전만 해도 서브-3, 즉 마라톤을 3시간 이내에 완주한다는 것은 거의 불가능한 일이었습니다. 1896년 아테네 올림픽에서 초대 우승자의 기록이 2시간 58분 50초였으니, 서브-3는 꿈과 같은 경지였습니다. 그러나 세월이 흘러 지금은 국내 대규모 마라톤 대회에 참여하는 수만 명의 동호인 가운데 약 2퍼센트가 서브-3를 달성한다고 합니다. 우리나라로만 한정해도 이미 수천 명의 러너가 서브-3의 벽을 넘은 셈입니다. 한 세기 전에는 불가능에 가까워 보였던 일이 지금은 현실이 된 것입니다.

중용의 실천도 이와 비슷합니다. 대부분 사람에게는 거의 불가능해 보이지만, 모든 사람에게 불가능한 것은 아닙니다. 공자가 제자 안회를 들어 희망을 보여 준 것처럼, 세상에는 분명 중용의 길을 걷는 사람들이 있습니다. 중요한 것은 어렵다고 주저앉지 않고 그 길을 꾸준히 걷는 태도입니다.

중용은 멀리 있는 추상이 아니라 우리 삶의 목표로 삼아야 하는 구체적 도리입니다. 현실을 밝히고 미래를 여는 길, 그것이 바로 중용입니다. 언젠가는 안회와 같은 중용의 도를 이루는 사람들이 더 많이 나타날 것입니다. 저는 그런 사람들이 인생의 중심이라고 할 수 있는 50대에서 더 많이 나왔으면 합니다. 그 가운데 우리도 함께 있으면 좋겠습니다. 중용은 어렵지만 결코 불가능한 길이 아닙니다. 중용의 도움으로 우리의 삶이 더 깊고 단단해질 것입니다.

옳음을 지킬 수 있는 사람이 강한 사람이다

| 용기 |

자로가 강함에 관하여 물었을 때 공자께서 말씀하셨다.

"남방의 강함인가? 북방의 강함인가? 아니면 너의 강함인가?

너그러움과 부드러움으로 가르쳐 주고, 무도함에 보복하지 않는 것이 남방의 강함이다. 군자는 그런 도리로 살아간다.

병기와 갑옷을 입고 전장에서 죽더라도 싫어하지 않는 것이 북방의 강함이다. 너같이 강한 사람이 그런 도리로 살아간다.

그러므로 군자는 화합하면서도 시류에 휩쓸리지 않으니, 강하고도 꿋꿋하다!

가운데 서서 기울거나 치우치지 않으니 강하고도 꿋꿋하다!

나라에 도가 있을 때는 궁색해도 변치 않으니 강하고도 꿋꿋하다!
나라에 도가 없으면 죽음에 이를지언정 변치 않으니 강하고도
꿋꿋하다!"

子路問强 子曰 南方之强與 北方之强與 抑而强與

寬柔以敎 不報無道 南方之强也 君子居之

衽金革 死而不厭 北方之强也 而强者居之

故君子 和而不流 强哉矯! 中立而不倚 强哉矯!

國有道 不變塞焉 强哉矯! 國無道 至死不變 强哉矯!

자로문강 자왈 남방지강여 북방지강여 억이강여

관모이교 불보무도 남방지강야 군자거지

임금혁 사이불염 북방지강야 이강자거지

고군자 화이불류 강재교! 중립이불의 강재교!

국유도 불변색언 강재교! 국무도 지사불변 강재교!

《중용》 제10장

 자사는 중용을 다양한 시각에서 설명하기 위해 자로의 사례를 소개합니다. 군자의 꿋꿋하고 강한 면모 속에도 중용은 존재한다고 말합니다. 군자는 화합하면서도 시류에 휩쓸리지 않아야 함을, 군자는 가운데 서서 기울거나 치우치지 않아야 함을, 군자는 나라에 도가 있을 때는 궁색해도 변치 않아야 함을, 군자는 나

라에 도가 없으면 죽음에 이를지언정 변치 않아야 함을 강조합니다.

공자의 무장(武將) 제자였던 자로는 본명이 중유(仲由)로, 공자의 제자 중에서도 가장 용맹하며 행동이 앞서는 인물이었습니다. 공자보다 아홉 살 연하로 본래 무인 출신의 야인이었으며, 의협심이 강하고 거침없는 성격으로 책임감과 용기를 지닌 실천적 제자였습니다. 공자는 군자가 의로움이 없고 용기만 있으면 난을 일으킨다는 말로 자로의 기질을 경계하기도 했습니다. 자로는 제나라와 위나라에서 벼슬을 지내며 군사와 정치 분야에서 활약했고 전장의 장군으로 용맹을 떨쳤는데, 결국 위나라 정변에 휘말려 공자보다 먼저 세상을 떴습니다. 그는 말보다 행동과 의리를 중시한 대표적인 실천가이자 유학의 이상을 몸으로 증명한, 누구보다 강한 제자였습니다.

강한 사람의 네 가지 조건

공자는 군자의 네 가지 강함을 '주변 사람들과 화합하면서도 시류에 휩쓸리지 않기, 가운데 서서 기울거나 치우치지 않기, 나라에 도가 있을 때는 궁색해도 변치 않기, 나라에 도가 없으면 죽음에 이를지언정 변치 않기'라고 했습니다.

그러나 현실에서는 그와 반대인 경우가 훨씬 많습니다. 힘과 권력을 가진 이는 주변 사람들과 잘 어울려 살지도 않지만, 설사 어울린다고 해도 시류와 풍속에 따라 자연스럽게 동화돼 사는 사람은 거의 없습니다. 힘과 권력을 가진 사람이 중용을 지키며 가운데 서서 기울거나 치우치지 않는 모습을 보이는 사례는 보기 어렵습니다.

사람들은 흔히 권력을 손에 쥐고 부를 축적한 이를 강자라고 부릅니다. 그러나 진정한 강함은 외적인 조건에 있지 않습니다. 시대가 어지러울수록 무엇이 옳은가를 스스로 묻고, 그것을 지켜 낼 수 있는 내면의 힘이야말로 진짜 강함입니다.

공자는 《논어》〈헌문편〉에서 "나라에 도가 있으면 가난하고 천한 것을 부끄러워해야 하지만, 나라에 도가 없을 때는 부하고 귀한 것을 부끄러워해야 한다"라고 했습니다. 세상이 올바르게 돌아가는데도 가난하다면 그것은 부끄러운 일입니다. 그러나 정의가 무너진 세상에서 부귀를 누린다면 그 또한 부끄러운 일입니다. 도리에 어긋난 부귀는 불안 위에 세운 누각과 같아서 결국은 무너질 수밖에 없습니다.

이 글을 읽을 때마다 떠오르는 이름이 있습니다. 바로 백이(伯夷)와 숙제(叔齊)입니다. 기원전 11세기 무렵 은(殷)나라가 멸망하고 주(周)나라가 새로 들어섰을 때, 많은 사람이 새 시대를 환영했지만 백이와 숙제 형제의 선택은 달랐습니다. 도의가 무너진 왕조의 곡식을 먹을 수 없다며 수양산에 들어가 끝내 굶어 죽은 것입니다. 누가 강요한 것도 억지로 떠밀린 것도 아닌, 자기 뜻으로 택한 길이었습니다. 어떤 이는 그들을 어리석다고 말했지만, 지금까지도 그들의 이름은 '절개'와 '의리'의 상징으로 남아 있습니다. 권세에 기대지 않고 끝까지 자신의 마음을 지켜 낸 그들이야말로 당대 가장 강한 사람들이었습니다.

1980년 5월, 광주에서도 끝까지 원칙을 지킨 사람이 있었습니다. 전남도청에 남아 시민군의 뜻을 대변한 윤상원 열사입니다. 그는 "우리는 살아서 역사에 지고, 죽어서 역사에 이긴다"라고 말했습니다. 죽음을 눈앞에 두고서도 "삶을 포기한 것은 아니다"라며 끝내 자리를 지켰습니다. 안전을 위한 타협도, 혼자만의 퇴각도 선택하지 않았습니다. 그 밤 그는 세상을 떠났지만, 그가 지킨 신념은 여전히 우리 곁에 남아 우리를 일으킵니다. 정의가 흔들리는 자리에 설 때마다 우리는 그를 떠올리고, 그의 용기는 살아 있는 이들의 가슴에서 다시 불타오릅니다.

2024년 12·3 계엄 내란 사태라는 격랑 속에서도 모 사령관은 꿋꿋이 중심을 지켰습니다. 국회에 최정예 부대가 투입됐지만 민간인 피해가 발생하지 않았던 것은, 무엇보다 사령관의 리더십에 따른 것이었습니다. 또한 '경고성 계엄'이 아니라 불법 계엄이었다는 사실을 용기 있게 폭로했습니다. 그의 행동은 흔들림 없이 중심을 지키려는 의지, 진실을 밝히려는 용기, 공동체의 도리를 생각하는 결단력, 즉 중용의 좋은 사례입니다.

나는 어떤 사람으로 살았나?

아무리 생각해 봐도 강했던 나의 모습을 떠올리기 어렵습니다. 초등학교·중학교·고등학교·대학 시절부터 사원·대리·과장·부장을 거친 직장인 시절을 지나 작은 컨설팅 회사를 경영하던 시절까지 부모님의 다섯째 아들로, 한 여자의 남편으로, 두 아이의 아버지로, 누군가의 교수로, 누군가의 동료로, 누군가의 후배 또는 선배로 살아온 모든 시간을 돌아봐도 쉽게 떠오르지 않습니다.

그렇다고 약하게만 살아온 것은 아니고, 부끄럽게만 살아온 것도 아니며, 비겁하게만 살았던 것 역시 아닙니다. 하지만 뚜렷하게 용감했던, 강했던 순간은 쉽게 떠오르지 않습니다. 후회인지 반성인지 알 수 없지만, 《중용》〈자로편〉을 읽으며 지난 시간을 되돌아보는 시간을 만났습니다. 지금까지는 기준이 불투명하여 대세 또는 이익에 따라 조삼모사 하면서 살았습니다. 목표나 정의를 모르는 것은 아니었지만 작심삼일이었습니다. 궁색해지면 금방 불만이 극에 달하고, 정의를 위해 죽음을 불사를 일에는 거리를 두며 소극적으로 살아왔습니다.

군자는 화합하면서도 시류에 휩쓸리지 않으니, 강하고도 꿋꿋하다!
가운데 서서 기울거나 치우치지 않으니 강하고도 꿋꿋하다!
나라에 도가 있을 때는 궁색해도 변치 않으니 강하고도 꿋꿋하다!
나라에 도가 없으면 죽음에 이를지언정 변치 않으니 강하고도 꿋꿋하다!

어떤 사람이 강한 사람인가에 대한 공자의 기준은 바로 이 네 가지입니다. 리더는 화합하면서도 시류에 휩쓸리지 않는 사람입니다. 중심에 서서 기울거나 치우치지 않는 사람입니다. 나라에 도가 있어 제대로 돌아간다면 자신이 궁색해도 변치 않는 사람입니다. 나라에 도가 없어 제대로 돌아가지 않을 때는 자신이 죽음에 이를지언정 변치 않는 사람입니다.

그러니 자신의 이익에 따라 조삼모사 하지 않는 사람이, 굳건하게 중심을 잡는 사람이, 자신이 궁색해도 변치 않는 사람이, 바른길에서는 죽음도 두려워하지 않는 사람이 강한 사람입니다. 이제 그 기준이 생겼습니다.

지혜는 묻고 듣는 겸손에서 나온다

| 물음 |

공자께서 말씀하셨다.

"순임금은 크게 지혜로운 분이셨을 것이다.

그는 묻기를 좋아하셨고, 백성들의 평범한 말 속에서도 이치를 살펴 헤아리셨다.

남의 허물은 덮어 주고, 장점은 드러내어 북돋우셨다.

양단의 의견과 상황을 두루 살펴 그 가운데 알맞은 도리를 찾아 백성에게 행하셨다.

바로 이와 같았기에 그를 순이라고 한 것이다."

子曰 舜其大知也與 舜好問而好察邇言

隱惡而揚善 執其兩端 用其中於民

其斯以爲舜乎

자왈 순기대지야여 순호문이호찰이언

은악이양선 집기양단 용기중어민

기사이위순호

《중용》 제6장

    4,000여 년 전, 중국 고대의 전설적인 군주로 전해지는 요임금과 순임금의 시대를 후대 사람들은 '요순지치(堯舜之治)'라고 불렀습니다. 억압이나 두려움 없이 백성이 조화를 이루고, 나라가 스스로 바로 서던 시대. 이는 뛰어난 정치술의 결과가 아니라 사람을 진심으로 아끼는 군주의 마음에서 비롯된 결과였습니다. 공자는 《중용》에서 특히 순임금을 성인의 표본으로 삼았습니다.

    《중용》 제6장에서 공자는 '순임금은 크게 지혜로운 분이셨을 것'이라고 하면서 그 이유를 다섯 가지로 들었습니다.

그는 묻기를 좋아했고 백성들의 평범한 말 속에서도 이치를 살펴 헤아렸으며

남의 허물은 덮어 주고, 장점은 드러내어 북돋아 주었다.

양단의 의견과 상황을 두루 살펴 그 가운데 알맞은 도리를 찾아

적용했다.

순임금은 어려운 환경에서 자랐습니다. 아버지는 고집스럽고 계모는 그를 차갑게 대했으며 동생은 질투심이 강했지만, 불평하거나 원망하지 않았습니다. 오히려 부모를 더 정성껏 모시고, 형제를 더 따뜻한 마음으로 대했습니다. 누구보다도 효를 실천했고, 다른 사람을 이해하고 용서(容恕)하는 서(恕)의 덕을 잃지 않았습니다. 공자는 바로 이 점을 높이 평가했습니다. 역경 속에서도 끝까지 덕을 지켜 낸 사람, 그것이 순임금의 참된 시작이었습니다.

순임금 직전의 통치자였던 요임금은 오랜 세월 동안 천하를 다스리며 후계자를 찾고 있었습니다. 그는 순의 성품과 덕망에 깊은 인상을 받고, 그에게 여러 지방의 행정을 맡기며 능력을 시험했습니다. 결과는 늘 탁월했습니다. 순은 어느 곳에 가더라도 백성들의 신뢰를 얻었고, 분란 없이 일을 처리했습니다. 강압이나 위세가 아니라 덕과 신뢰로 사람들을 이끌었습니다.

순임금의 참된 위대함은 그가 천자의 자리에 오른 이후에 더 분명히 드러납니다. 권력을 움켜쥐기보다 백성의 삶을 돌보는 데 마음을 다했습니다. 물길을 바로잡아 재해를 줄이고, 가난한 이를 돕고, 유능한 인재를 발탁해 요직에 앉혔습니다. 아들보다 나라를 위해 더 적합하다고 여긴 우(禹)를 후계자로 삼은 것도 공정하고 사심 없는 판단의 결과였습니다.

공자는 순임금을 두고 다음과 같이 칭송합니다.

위대한 성인 순이여.
행하지 않아도 존귀하고, 말하지 않아도 신뢰를 얻으며, 다투지 않아도 백성이 따르네.
大哉 聖乎 舜也 無爲而尊 無言而信 無爭而民服
대재 성호 순야 무위이존 무언이신 무쟁이민복

《논어》〈태백편〉

이 말은 단순한 찬탄 이상의 뜻을 담고 있습니다. 공자가 꿈꾸던 이상적인 인간상, 즉 군자와 성인의 모습이 순임금 안에서 구체적으로 실현됐기 때문입니다. 억지로 앞서 나서지 않아도 주변이 저절로 밝아지는 사람, 강요하지 않아도 마음이 먼저 따라가는 사람. 그런 이가 바로 순이었습니다.

공자는 순임금을 대단한 지혜를 가진 임금으로 여겼습니다. 구체적으로 다섯 가지 이유를 들었습니다. 순임금은 묻기를 좋아했으며, 백성들의 일상적인 청을 살피기를 좋아했고, 다른 사람의 단점과 드러내고 싶지 않은 점이 있으면 그를 배려하여 드러나지 않게 해 주었으며, 장점이나 좋은 면은 드러내어 돋아 주었으며, 양쪽의 가운데를 잡아 치우침을 막고 집중·시중·적중으로 백성들을 다스렸습니다. 이와 같은 덕행으로 나라를 다스렸기에 그의 시호를 순(舜)으로 한 것이라고 설명했습니다.

묻기를 좋아한 순임금과 공자

무언가를 묻는다는 일은 생각보다 쉽지 않습니다. 모른다는 것을 인정해야 하고, 때로는 자기보다 어린 사람이나 낮은 자리에 있는 이에게도 마음을 열고 다가가야 하기 때문입니다. 그러니 진정한 배움은 바로 이 '묻는 자세'에서 비롯된다고 생각합니다.

공자 역시 배우기를 게을리하지 않았고, 그런 자세와 태도를 제자들에게도 끊임없이 가르쳤습니다. 《논어》에는 이를 잘 보여주는 구절이 넘쳐납니다.

민첩하면서도 배우기를 좋아하고, 아랫사람에게 묻는 것을 부끄러워하지 않았다.
敏而好學 不恥下問
민이호학 불치하문

《논어》〈위정편〉

공자는 지위나 체면보다 진실한 배움과 진심에서 우러난 질문을 더 중요하게 여겼고, 누구에게든 배우려는 겸손한 자세로 사람을 대했습니다. 공자의 학문이 깊었던 까닭은 해박한 지식이 아니라 끊임없이 배우고자 하는 태도에서 비롯된 것입니다.

세 사람이 길을 가면, 그중에 반드시 나의 스승이 있다.
그들의 좋은 점은 본받고, 좋지 않은 점은 거울삼아 나를 고친다.
三人行 必有我師焉
擇其善者而從之 其不善者而改之
삼인행 필유아사언
택기선자이종지 기불선자이개지

《논어》〈술이편〉

질문과 물음은 보통 사람을 위대한 사람으로 만드는 도구입니다. 순임금과 공자는 모두 '묻기'를 통해 자신을 돌아보고 세상을 살폈습니다. 그리고 그 태도는 오늘을 사는 우리에게도 울림을 줍니다. 지금 우리는 얼마나 묻고 있는가? 내 말보다 남의 말을 더 많이 들으려 하는가? 배움 앞에서 겸손하고, 모름을 부끄러워하는가?

눈에 띄지 않는다고
귀한 것이 빛나지 않으랴

| 가치 |

공자께서 말씀하셨다.

"숨겨진 것을 찾아내고 기이한 행위를 하여

후세의 칭송을 받는 사람들이 있지만, 나는 그런 짓을 하지 않는다.

군자가 도를 실천하다가 중도에 그만두는 일이 있지만, 나는 그렇게 할 수 없다.

군자는 중용을 따르므로 세상에 드러나지 않고 숨은 채 살아도 후회하지 않는다. 다만 이것은 오직 성인만이 할 수 있는 일이다."

子曰 素隱行怪 後世有述焉 吾弗爲之矣

君子遵道而行 半途而廢 吾弗能已矣

君子依乎中庸 遯世不見知而不悔 唯聖者能之
자왈 색은행괴 후세유술언 오불위지의
군자준도이행 반도이폐 오불능이의
군자의호중용 둔세불견지이불회 유성자능지

《중용》 제11장

　중용을 실천하는 사람들은 세상 사람들의 눈에 어떤 모습으로 비칠까요? 자사는 공자의 말씀을 인용해 중용을 설명하며 색은행괴(索隱行怪) 장으로 불리는 제11장에서 이를 다룹니다.
　색은행괴는 은밀하게 숨겨진 일을 억지로 찾아내며 괴상한 행동을 일삼는다는 뜻입니다. 상식이나 도리에 어긋나는 방식으로 숨겨진 일을 억지로 캐내서 다른 사람들의 이목을 끌려는 행동과 태도로 인기를 누리려는 사람을 말합니다. 사람들은 왜 굳이 색은행괴의 길을 택할까요? 한마디로 답하면, 눈에 띄기 위해서입니다. 평범하고 정직하게 살아가는 것보다 기이하고 충격적인 것이 사람들의 눈과 귀를 사로잡기 때문입니다. 그러나 공자는 단호히 말합니다.

**숨겨진 것을 찾아내고 기이한 행위를 하여
후세의 칭송을 받는 사람들이 있지만, 나는 그런 짓을 하지 않는다.**

숨겨진 이치를 찾고 괴이한 행동으로 후세에 이름을 얻을 수 있을지라도, 나는 그런 짓을 하지 않겠다고 합니다. 이는 단지 도덕적 선언이 아니라 사람의 내면을 꿰뚫어 보는 통찰이자 삶에 대한 확고한 원칙이기도 합니다.

색은행괴는 고대에만 있었던 것이 아닙니다. 오늘날의 정치판, 언론계, 학계, 심지어 교육계에도 널리 퍼져 있습니다. 누가 더 자극적인가, 누가 더 괴이한 언행을 하는가에 따라 화제성이 결정되는 시대입니다. 진지함은 외면당하고 진정성은 희화화됩니다.

성군인 세종도, 성인인 공자나 예수도, 미국의 위대한 지도자였던 링컨도 모두 장점만 가지고 있지 않습니다. 누구에게나 단점이 있습니다. 공자도, 예수도, 석가모니도 비판의 대상이 된 적이 있었습니다. 문제는 그 사람의 단점으로 전체를 매도하는 것, 바로 그것이 색은행괴입니다. 단점을 침소봉대하는 문화는 개인을 망칠 뿐 아니라 사회도 병들게 합니다. 이런 행위는 일시적으로 눈길을 끌 수 있을지라도 사람의 마음을 얻기는 어렵습니다. 우리는 지금 색은행괴가 일상이 되어 버린 시대를 살고 있습니다. 자극적 언행, 분열적 언사, 비정상적 방법이 더 주목받고 더 많은 이익을 얻는 세상입니다.

'무엇이 충격적인가?'가 아니라 '무엇이 가치 있는가?'로 시선을 돌려 보면 좋겠습니다. 그 질문은 우리 각자의 삶에도 적용됩니다. 개인 또한 자신의 단점에만 몰입하고 그것을 감추기 위해 괴이한 방식으로 자신을 포장하려 애쓸 때, 오히려 진짜 장점과 강점을 잃게 될지도 모릅니다. 자신을 더 들여다보고 자신의 고유한 강점에 집중하고 스스로 품격을 지켜 낼 때, 눈에 띄지 않아도 신뢰받고 기억되는 사람이 될 것이기에 그렇습니다. 눈에 띄려 하지 말고, 빛나려 애쓰지 말고, 그저 묵묵히 도리에 충실한 삶을 살아야 그 길 끝에서 우리는 진짜 빛을 얻게 될 것입니다.

공자가 그렇게 살았다

색은행괴를 벗어나는 것도 어려운 일이지만 올바른 도리를 가지고 살아가는 일은 더욱 쉽지 않습니다. 그래서 공자는 이렇게 이야기했습니다.

군자가 도를 실천하다가 중도에 그만두는 일이 있지만,
나는 그렇게 할 수 없다.

이 한마디가 평생을 관통하는 공자의 정신입니다. 춘추 시대, 세상이 어지럽고 예는 무너졌습니다. 강자가 약자를 짓밟고 신하가 임금을 넘보는 시대, 공자는 그런 세상을 바로잡고자 했습니다. 말이 아닌 삶으로, 논쟁이 아닌 실천으로 그는 '덕의 정치'를 꿈꿨습니다.

나이 오십이 넘어 벼슬길에 올랐지만 권세를 쥔 자들에게 공자의 도는 불편한 진실이었고, 공자는 결국 나라를 등지고 길을 떠났습니다. 주유천하의 고단한 길이었습니다. 이 나라 저 나라 일곱 제후국을 전전하며 14년을 떠돌았습니다. 갖은 조롱을 당했고 때로는 죽음의 위협도 겪었습니다. 그러나 물러서지 않았습니다. 세상은 그를 쓰지 않았지만, 그는 세상을 가르쳤습니다. 한 사람이 나라를 바꾸지는 못했지만, 제자들을 통해 세기의 정신을 남겼습니다. 그의 말은 기록됐고, 그의 길은 전해졌습니다. 정치적 성공은 거두지 못했지만, 도의 실패자는 아니었습니다. 왜냐하면 그가 끝까지 그 길을 걸었기 때문입니다. 중도에 그만두지 않았기 때문입니다. 공자의 인생은 혼탁한 세상에서 꺾이지 않고 끝까지 도를 좇은 한 인간의 여정이었습니다.

공자는 다음과 같이 말했습니다.

군자는 중용을 따르므로 세상에 드러나지 않고 숨은 채 살아도 후회하지 않는다.
다만 이것은 오직 성인만이 할 수 있는 일이다.

성인이기에 할 수 있는 일일까요? 예컨대 순임금은 성군으로 칭송받지만, 그의 출발점은 지극히 평범했습니다. 포악한 아버지, 냉담한 계모, 무례한 이복동생과 함께하며 고통 속에서 자랐습니다. 그러나 그는 불평하거나 눈에 띄려 애쓰지 않았습니다. 오히려 자신을 다스리고, 가족을 공경하며, 묵묵히 땅을 일궜습니다. 그 삶의 무게와 품격을 본 요임금이 마침내 그를 천하의 지도자로 세웠습니다. 세상이 먼저 알아주지 않아도 자기 자리를 지키고 중심이 흔들리지 않는 사람은 결국 자신을 증명하게 됩니다.

그렇다면 평범한 사람도 중용의 길을 걸을 수 있을까요? 그렇습니다. 성인은 목표일 뿐입니다. 분명하고 명확한 목표를 따라가는 삶은 충분히 가치 있는 삶입니다.

우리는 누구나 알고 있습니다. 어차피 인생은 쉽지 않음을, 누구에게나 인생은 처음이라 낯설고 어색하며 힘들다는 것을, 그래서 사람들은 색은행괴라도 하면서 이탈하고 싶어 한다는 것을 말입니다. 세상이 우리를 흔들 때마다 감정에 휘둘리기보다는 잠시 멈춰 되돌아보는 시간이 필요합니다. 분노와 흥분, 비교와 조급함 속에서도 중심을 지키며 정직이든, 성실이든, 배려든 삶의 중심이 되는 한 가지를 선택해 묵묵히 실천해 가면 됩니다. 결과에 흔들리지 않고 과정에 충실하며, 어떤 순간에도 자신의 자세와 태도를 잃지 않는 사람만이 결국 자기가 원하는 인생을 살아갈 수 있습니다.

제3강

타인이 아니라
자신에게 구하라

| 오십의 인생 |

길은 여러 갈래여도
가야 할 길은 하나다

| 인생 |

말할 수 있는 도는 참된 도가 아니다.

道可道 非常道

도가도 비상도

《도덕경》 제1장

하늘과 땅이 나와 함께 생겨났고 만물이 나와 하나다.

天地與我並生 萬物與我爲一

천지여아병생 만물여아위일

《장자》〈제물론〉

자신을 극복하고 예로 돌아가는 것이 곧 인이다.

克己復禮爲仁

극기복례위인

《논어》〈안연편〉

하늘의 명을 성이라고 하고, 성을 따르는 것을 도라고 한다.

天命之謂性 率性之謂道

천명지위성 솔성지위도

《중용》제1장

　동양 고전에는 '도'라는 말이 유난히 많이 등장하지만, 그 뜻을 정확히 짚어 내려 하면 사뭇 헷갈립니다. 흔히 '길'이라는 뜻으로 쓰이지만 때로는 만물의 근원, 자연, 사회의 도덕적 질서 또는 인간이 닦아야 할 내면의 수양을 가리키기 때문입니다. 한 글자가 담고 있는 의미의 폭이 넓고, 맥락에 따라 강조점이 달라지니 하나로 정의하기 어려운 것입니다. 춘추전국 시대 제자백가의 으뜸이었던 노자, 장자, 공자, 자사의 도를 간단히 비교해 보겠습니다.

노자의 도: 자연의 근원, 무위의 길

　노자에게 도는 만물의 근원이며, 궁극적 실재입니다. 눈에 보이지 않지만, 모든 것을 있게 하는 바탕입니다. 마치 물과 같습니다. 물은 낮은 곳으로 흐르고, 억지로 다투지 않지만 결국 강과 바다를 이루어 만물을 살립니다. 도 역시 이와 같이 스스로 그러하면서도 세상 모든 것을 길러 냅니다. 하늘도 비슷합니다. 하늘은 스스로 말하지 않지만, 햇빛과 비와 계절을 내려 만물을 자라게 합니다. 도가 그와 같습니다. 억지로 드러내지 않아도 세상은 도 안에서 자라나고 흘러갑니다. 《도덕경》 첫 장에서 정의하듯, 노자는 언어로 규정할 수 없는 도가 참된 도라고 했습니다.

말할 수 있는 도는 참된 도가 아니다.

밀로는 정확하게 정의할 수 없는 '스스로 그런' 자연이 곧 도라는 것입니다. 그래서 노자의 도는 억지로 꾸미거나 애쓰지 않는 무위(無爲)의 삶으로 이어집니다. 무위는 게으르거나 아무것도 하지 않는 것이 아니라 억지로 꾸미지 않고 자연스럽게 사는 삶을 뜻합니다. 노자의 도는 세상과 맞서는 힘이 아니라 세상 속에 스며드는 힘이었습니다.

거칠게 말하면, 인간이 아무리 영민하다고 해도 자연의 미묘한 힘을 이기기는 어렵다는 의미입니다. 군주가 아무리 법을 만들어 세상을 구하려 한들 삶에서 자유는 줄어들고 구속만 늘어 가니 차라리 무위의 정치가 가장 좋다는 주장이기도 합니다.

장자의 도: 자유와 해탈, 제물의 길

장자는 노자의 도를 더 넓고 자유롭게 확장했습니다. 장자에게 도는 차별을 지워 버리는 궁극의 평등이며, 모든 존재가 하나임을 깨닫는 자유였습니다. 제물(齊物), 즉 만물은 모두 도 안에서 평등합니다. 높고 낮음, 귀하고 천함, 생과 사조차 도 앞에서는 차별이 없습니다. 따라서 인간이 참된 자유를 얻으려면 세속적 가치, 인위적 구분에서 벗어나야 합니다.

하늘과 땅이 나와 함께 생겨났고, 만물이 나와 하나다.

그래서 그는 호접몽(胡蝶夢) 이야기를 통해 "내가 꿈에 나비가 된 것인지, 나비가 꿈에 내가 된 것인지 알 수 없다"라고 노래합니다. 나와 세계의 경계마저 허물어지는 자유와 해탈, 그것이 장자의 도였습니다. 장자의 도는 자유와 해탈, 모든 차별을 넘어선 절대적 평등의 세계라고도 할 수 있습니다.

공자의 도: 인과 예, 인간 세상의 도리

노자나 장자의 도에 비해 공자의 도는 한층 더 인간의 삶 가까이에 있습니다. 도는 곧 인과 예로 구현되며, 사람답게 살고 사회를 바르게 세우는 길이었습니다.

자신을 극복하고 예로 돌아가는 것이 곧 인이다.

인은 사람을 사랑하는 마음이고, 예는 그 사랑을 사회 속에서 질서로 세우는 규범입니다. 공자의 도는 하늘 위의 형이상학이 아니라 사람 사이에서 숨 쉬는 구체적인 삶의 도리였습니다.

자사의 도: 성과 중용, 하늘과 인간의 합일

자사는 공자의 가르침을 이어받아 더 깊은 차원으로 발전시켰습니다.

성을 따르는 것을 도라고 한다.

자사에게 도는 인간 사회의 규범을 넘어 하늘과 인간을 연결하는 근본이었습니다. 그 핵심은 성, 곧 꾸밈없는 진실함이었고, 그 실천은 중용이었습니다. 치우치지 않고 균형을 잡아 가는 태도, 어느 한쪽으로 기울지 않는 바른길이 자사의 도였습니다.

오십에 선택하는 도의 길

사람은 누구나 길 위에 서 있습니다. 살아가는 동안 수많은 선택을 하고, 그 선택이 모여 인생이 됩니다. 때로는 선택지가 너무 많아 방향을 잃기도 하고, 때로는 한쪽으로 치우쳐 후회하기도 합니다. 그럴 때마다 '도'가 무엇인지, 어떤 길을 따라야 하는지가 중요한 물음으로 다가옵니다.

노자는 자연으로 돌아가라고 하고, 장자는 모든 것을 하나로 보며 자유롭게 날아오르라고 말합니다. 공자는 사람답게 살아가라고 가르치고, 자사는 하늘과 합일되는 진실한 삶을 강조합니다. 네 길은 서로 달라 보이지만 결국 같은 방향을 가리킵니다. 억지로 꾸미지 않고, 자유롭게 살며, 사람답게 더불어 살고, 진실하게 중심을 지키는 것. 그것이 곧 도의 길이며, 오늘 우리 삶에도 여전히 유효한 지혜입니다.

노자의 도는 만물의 뿌리이자 자연의 흐름입니다. 말로 다 표현할 수는 없지만, 물처럼 부드럽고 바람처럼 스며드는 힘이 바로 노자의 도입니다. 인생이 너무 버겁고, 억지로 애써도 길이 보이지 않을 때, 노자의 도는 우리에게 쉼과 여유를 줍니다. 집착을 내려놓고 스스로 그러함을 받아들이라는 가르침은 오십을 넘어 마주한 삶의 무게 앞에서 큰 위로가 됩니다.

장자의 도는 자유와 해탈의 길입니다. 그는 만물이 모두 하나라고 봤고, 현실과 꿈의 경계조차 허물었습니다. 삶의 굴레 속에서 답답할 때 장자의 도는 자유롭게 숨을 틔워 줍니다. 세상이 정해 놓은 틀을 벗어나 나답게 살아갈 수 있다는 해방감이 바로 장자의 도입니다. 오십 이후 인생이 좁아졌다고 느껴질 때, 장자의 도는 여전히 펼쳐져 있는 가능성과 자유를 보여 줍니다.

공자의 도는 인간 사회를 바르게 세우는 길입니다. 그 핵심은 사람을 사랑하는 마음과 그 사랑을 질서 있게 드러내는 예입니다. 가정에서 부모와 자식의 관계, 사회에서 동료 간의 관계, 이웃과 친구 간의 관계까지 모두 이 도 안에서 안정됩니다. 인생 후반부를 살아가는 오십에게 공자의 도는 인간관계의 소중함을 다시금 일깨워 줍니다. 성취보다 중요한 것은 결국 사람이고, 존중과 배려가 없이는 어떤 성공도 공허하다는 사실을 말해 줍니다.

자사의 도는 하늘과 인간을 잇는 진실함과 균형의 길입니다. 그는 꾸밈없는 성실함을 도의 중심에 뒀고, 구체적으로는 치우치지 않고 균형을 잡는 중용을 강조했습니다. 지나친 욕심도, 지나친 체념도 모두 삶을 기울게 합니다. 한쪽으로 치우치지 않고 중심을 지키는 태도, 이것이 자사의 도입니다.

돌아보면 젊을 때는 장자의 도가 매력적일 수 있습니다. 자유롭게 꿈꾸고 경계 없이 도전하는 태도는 청춘의 힘과 어울립니다. 힘겨운 시기에는 노자의 도가 필요합니다. 억지로 애쓰지 않고 흐름을 따르는 지혜는 상처받은 마음을 치유해 줍니다. 사회적 책임이 커지는 중년에는 공자의 도가 길잡이가 됩니다. 인간관계와 조직을 바로 세우는 원칙이 필요하기 때문입니다.

그러나 인생의 중심에 선 오십 이후, 가장 절실하게 다가오는 도는 자사의 도일지도 모릅니다. 이제는 삶이 단순히 꿈꾸거나 흘러가는 것이 아니라 균형을 잡고 중심을 지켜야 하는 시기이기 때문입니다. 지나온 길을 정리하고 남은 길을 설계해야 하는 이때, 성실과 중용의 길은 우리에게 가장 현실적이고 구체적인 지혜를 줍니다.

중용이 쉽지는 않지만, 어렵다고 해서 불가능한 길은 아닙니다. 한 세기 전에는 불가능해 보였던 마라톤 기록이 이제는 많은 동호인에게 현실이 된 것처럼, 중용도 꾸준히 길을 걸어간다면 우리 삶에서 충분히 이룰 수 있을 것입니다.

오십 이후의 삶에서 우리는 어떤 도를 붙들어야 할까요? 내려놓음이 필요한 순간에는 노자의 길을, 자유가 필요한 순간에는 장자의 길을, 인간관계가 중요한 순간에는 공자의 가르침이 도움이 됩니다. 그러나 이 모든 것을 아우르며 우리의 삶을 단단히 세워 주는 마지막 중심은 자사의 길이 아닐까 합니다. 진실하게 살고, 치우치지 않으며, 중심을 지켜 가는 길. 그것이야말로 오십에 선 우리가 미래를 점검하며 붙들어야 할 인생길입니다.

혼자 완성되는
인간은 없다

| 관계 |

천하 사람들이 달성해야만 하는 공통의 도가 다섯 가지이며,

이것을 행할 수 있는 덕은 세 가지다.

군신과 부자와 부부와 형제와 친구의 사귐

이 다섯 가지는 천하 공통의 도리이고,

지, 인, 용 이 세 가지는 천하 공통의 덕이다.

天下之達道五 所以行之者三

曰 君臣也 父子也 夫婦也 昆弟也 朋友之交也

五者 天下之達道也

知仁勇三者 天下之達德也

천하지달도오 소이행지자삼

왈 군신야 부자야 부부야 곤제야 붕우지교야

오자 천하지달도야

지인용삼자 천하지달도야

《중용》제20장

2025년 여름 인천 송도에서 벌어진 총격 사건은 우리 사회에 커다란 충격을 안겼습니다. 아버지가 아들을 향해 총을 겨눴다는 사실은 믿기 어려운 비극이지만, 그 배경에는 오랜 고립과 관계의 단절이 자리하고 있었습니다. 우리는 인간으로 태어나지만, 관계 속에서만 인간답게 살아갈 수 있습니다. 부모와 자식, 형제와 자매, 이웃 및 동료와의 연결 속에서 삶의 의미가 생기고 우리는 그 속에서 서로를 지탱합니다. 그러나 관계가 끊기고 마음이 굳어지면 인간은 고독에 짓눌려 가장 극단적인 선택을 하기도 합니다.

이 사건을 단지 한 개인의 불행으로만 치부할 수는 없습니다.

'나는 지금 어떤 관계 속에서 살아가고 있는가?'

'내 곁의 누군가는 고립 속에서 도움을 기다리고 있지 않을까?'

인간은 결코 홀로 완성될 수 없습니다. 서로의 아픔을 살피고 작은 손길을 내밀며 삶의 무게를 함께 나눌 때, 우리는 비로소 인간다운 삶에 도달할 수 있습니다.

철학은 언제나 '나는 누구인가?'라는 질문에서 시작합니다. 하지만 인간의 철학은 거기에서 멈추지 않습니다. 그다음 질문은 '나는 어떤 관계 속에서 살아가고 있는가?'입니다. 우리는 홀로 빛날 수 없습니다. 부모와 자식, 친구 및 동료와의 관계 속에서 나를 발견하고 그 안에서 성장해 갑니다. 결국 나는 나인 동시에 타인과의 관계 속에서만 온전히 존재할 수 있는 인간입니다.

약한 사람 vs. 강한 인간

사람과 인간은 언뜻 같은 듯 보이지만 중요한 차이가 있습니다. '사람'은 생물학적 개체로서의 존재를 뜻합니다. 그러나 '인간(人間)'은 글자 그대로 '사람 사이'를 의미합니다. 곧, 우리는 관계 속에서 살아야 하며 홀로는 결코 완전해질 수 없는 존재라는 뜻이죠.

전쟁이나 천재지변 등으로 세상에 나 홀로 남는다면 어떤 일이 벌어질까요? 밥 지을 쌀을 마련할 수도 없고, 식기를 빚을 수도 없으며, 물과 불조차 혼자 힘으로는 온전히 구할 수 없을 것이기에 생존조차 위태로워질 것입니다. 사람은 혼자서는 살아갈 수 없습니다.

우리의 삶을 들여다보면 부모, 형제자매, 부부, 친구, 직장과 조직의 동료라는 다섯 가지 관계로 하루의 대부분이 채워집니다. 관계가 건강하면 삶은 평안하고 풍요로워지지만, 관계가 무너지면 아무리 재산이 많아도 마음은 텅 비게 마련입니다.

하지만 관계가 언제나 따뜻하고 평화로운 것만은 아닙니다. 가까운 가족 사이에서도 오해가 생기고, 직장에서는 경쟁이 갈등으로 번지기도 합니다. 심지어 층간 소음처럼 사소한 문제조차 이웃을 원수로 만들곤 하죠. 하지만 갈등은 피할 수 없는 인간의 숙명인 동시에 인간다움이 드러나는 순간이기도 합니다. 중요한 것은 갈등 자체가 아니라 그것을 어떻게 다루느냐입니다.

인간 노릇 하기가 어디 쉬운가

오십을 넘기면 삶이 하나의 풍경처럼 눈앞에 펼쳐집니다. 멀리서 보면 여전히 푸른 하늘이 보이지만, 가까이 다가서면 곳곳에 구름이 끼어 있음을 알게 됩니다. 부모님과의 관계, 형제자매들과의 관계, 부부 관계, 친구 관계, 직장 사람들과의 관계가 조화로우면 마음이 따뜻하고 평안하지만 그중 하나에서라도 균열

이 생기면 아무리 가진 것이 많아도 삶은 공허해집니다.

 여든을 넘긴 부모님은 이제 예전의 든든한 울타리가 아닙니다. 어쩌면 치매와 건강 문제로 대화조차 제대로 이어지지 않을 수도 있습니다. 자식으로서 느끼는 안타까움은 이루 말할 수 없습니다. 언제든 떠나실 수 있다는 현실을 알기에 하루하루가 선물 같으면서도 마음 한쪽이 늘 무겁습니다. 부모를 돌보는 일은 사랑의 연장이자 또 하나의 시험임을 절실히 느낍니다.

 50대 중반의 부부는 인생에서 가장 많은 짐을 짊어집니다. 회사에서 만년 부장으로 불리는 것만으로도 다행이라고 생각되지만 퇴직의 그림자가 코앞에 드리워져 있고, 내일을 준비해야 한다는 압박 속에서 몸과 마음은 이미 지쳐 있습니다. 아내 역시 집과 직장을 오가며 버티고 있으나 서로의 지친 얼굴을 보며 작은 말다툼이 쌓여 때로는 큰소리가 나기도 합니다. 오랜 세월 함께 살아왔음에도 마음의 거리가 어느 순간 멀게 느껴집니다.

 아이들과의 대화 또한 쉽지 않습니다. 대학생 또는 사회 초년생으로 각자의 길을 가고 있지만 부모와의 언어는 점점 달라집니다. 부모의 충고는 잔소리로 들리고, 아이들의 세상은 부모 세대와는 너무 다릅니다. 결혼 문제, 직업 문제, 삶의 방향에 대한 조언은 부모로서는 애정에서 비롯된 걱정이지만 아이들에게는 부담스러운 간섭으로 느껴질 뿐입니다. 결국 "나는 너희와 다르게 살았지만 그래도…"라는 말은 속으로 삼켜야 할 때가 많습니다.

경제적 불안 역시 마음을 짓누릅니다. 자리가 불안한 가장의 마음속에는 늘 막막한 그림자가 자리합니다. 적금을 붓고 집을 마련하고 아이들을 대학까지 보냈지만, 노후가 든든하다고 말하기는 어렵습니다. 돈은 쌓을수록 부족하고, 미래는 준비할수록 불안합니다. 친구들과의 술자리에서는 웃으며 세상사를 이야기하지만, 집으로 돌아오는 길에는 막막한 어둠이 드리워져 있습니다.

형제자매와의 사소한 오해, 직장 상사와의 갈등, 오랜 친구와의 서먹함, 이 모든 관계의 무게는 나이가 들수록 더 크게 다가옵니다. "이제야 인생이 뭔지 알 것 같은데, 왜 이렇게 힘든 걸까?"라는 탄식이 절로 나옵니다. 삶은 단순히 오래 사는 것이 아니라 무수한 관계 속에서 '인간답게' 살아 내는 일임을 알게 됩니다.

오십 이후의 인생길, 부모님을 떠나보내고 아이들을 세상에 내보내며 자신은 조직에서 물러나야 하는 고독한 길이 기다리고 있습니다. 그 길에서도 관계의 따뜻함은 여전히 중요합니다. 서툴러도 괜찮고, 완벽하지 않아도 됩니다. 그저 부모의 손을 한 번 더 잡고, 배우자의 눈을 한 번 더 바라보고, 아이들의 목소리에 조금 더 귀 기울이는 것. 그 작은 노력이 쌓일 때 인간 노릇 하기는 비록 쉽지 않아도 한결 덜 고단해집니다.

　사람으로 태어나는 것은 자연의 이치지만, 인간답게 사는 것은 우리의 선택입니다. 누구나 관계 속에서 상처를 주고받으며 살아가지만, 마음을 다스리고 정성을 다해 행동하며 서로를 이해하려는 노력을 기울일 때 갈등조차 성숙의 밑거름이 됩니다. 결국 잘 산다는 것은 혼자만의 풍요가 아니라 함께하는 평안 속에서 완성되는 것입니다.

　이런 삶의 문제는 어제오늘의 현상이 아닙니다. 2,400년 전에도 비슷한 고민을 했습니다. 제3강에서는 관계의 문제를 풀어내는 다양한 주제를 조금 더 깊이 살펴보겠습니다.

사람답게
살 수 있는 뿌리

| 정도 |

공자께서 말씀하셨다.
"도가 행해지질 않는구나."
子曰 道其不行矣夫
자왈 도기불행의부

《중용》 제5장

공자가 살았던 춘추 시대 말기는 주나라의 권위가 무너지고 제후들이 패권을 다투며 전쟁이 끊이지 않던 시대였습니다. 도덕이 무너지고 신하가 군주를 시해하거나 권력을 찬탈하는 일이

빈번했습니다. 법과 제도는 무력했고, 부정부패와 탐욕이 만연해 민생은 도탄에 빠졌습니다. 힘이 곧 정의가 됐고, 약소국은 강국의 먹잇감이 됐습니다. 이런 혼란 속에서 도는 외면당할 수밖에 없었습니다. 그러니 공자의 안타까움은 당연했습니다.

공자께서 말씀하셨다.
"도가 행해지질 않는구나."

자사가 살았던 전국 시대 초기는 춘추 시대보다 더 혼란스러웠습니다. 군주들이 패권을 놓고 끊임없이 싸운 극한의 투쟁 시대로, 전쟁과 음모가 일상이 됐습니다. 권력을 잡기 위해 부자도, 사제도, 군신도 시습없이 배신하는 혼란한 시대였습니다.

법가 사상이 퍼지며 인간성과 도덕이 무시되고, 능력과 성과만이 가치의 기준이 됐습니다. 인의와 도를 지키려는 이는 도태됐고, 살아남기 위해서는 비정함이 필수였습니다. 현명한 군자조차 드물어 세상을 바르게 이끌 리더가 없었기에 도는 더욱 외면당했습니다.

예나 지금이나 세상은 크게 다르지 않습니다. 현명한 군주가 등장하면 굽었던 신하들도 곧게 펴져 백성의 삶과 형편이 나아지고 강하고 편안한 나라가 되지만, 무능한 군주가 등장하면 곧 았던 신하들조차 굽어져 부정부패가 만연하기에 백성의 삶과 형편은 무너지고 나라는 패망의 길로 몰리게 됩니다. 유능한 대통령이 등장하면 소신 없던 장관들도 유능한 관료가 되어 시민의 삶과 형편이 나아지고 강하고 편안한 국가가 되지만, 무능한 대통령이 등장하면 소신 있던 장관들조차 신념을 버리고 한패거리가 되어 시민의 삶과 형편은 무너지고 국가는 패망의 길로 몰리게 됩니다.

기업도 마찬가지입니다. 유능한 CEO는 원칙과 도덕 위에 전략을 세우지만, 무능한 CEO는 눈앞의 이익에 급급해 조직을 망치기 일쑤입니다. 정도(正道)가 없으면 실력도 독이 되고, 권한도 폐해가 됩니다. 바른 도를 품은 리더만이 사람과 회사를 함께 살릴 수 있습니다.

가정도 작은 사회이기에 가장의 태도와 판단이 가족의 행복을 좌우합니다. 가장이 바른 도를 지키면 가정은 평온하고 신뢰로 뭉치지만, 탐욕이나 무책임에 빠지면 갈등과 상처가 깊어집니다. 정도를 지닌 가장이 있을 때, 가정은 비바람 속에서도 무너지지 않습니다.

공자를 따른 도의 계보

자사의 사상을 이해하기 위해서는 공자와 증자를 조금 더 가까운 거리에서 이해하는 것이 매우 유효합니다. 그러면 자사의 뒤를 이은 맹자까지의 흐름도 어렵지 않게 따라갈 수 있습니다.

공자의 도를 두 글자로 압축하면 인과 예입니다. 인은 사람을 사랑하는 따뜻한 마음, 예는 질서와 조화를 지키는 사회적 규범입니다. 공자는 이 두 가지를 균형 있게 실천하면 인간다운 삶과 바람직한 사회를 이룰 수 있다고 믿었습니다. 그것이 바로 공자의 덕(德)이었습니다.

그러나 세월이 흐르고 제자들이 각자의 길을 걸으며 가르침을 이어 가자, 해석과 강조점에서 조금씩 다른 빛깔이 더해졌습니다. 한 갈래는 공자에서 증자·자사·맹자로 이어지고, 훗날 주자에게까지 이어진 흐름입니다. 이 길은 인간의 마음에 무게를 두어 '인'을 중시했습니다. 또 다른 갈래는 공자에서 자하(子夏)·순자·한비자(韓非子)로 이어지며, 인간의 행동에 방점을 찍어 '예'를 중시한 흐름입니다. 두 길은 서로 다른 듯 보이지만, 모두 공자의 도를 품고 있습니다.

공자의 가르침을 한 글자로 요약하면 '인'입니다. 인의 시작은 단순합니다. 두 사람이 마주 앉아 서로를 이해하고, 용서하고, 격려하는 마음이죠. 공자의 가르침을 네 글자로 요약하면 '수기치인'입니다. 먼저 자신을 닦은 뒤에 남을 다스린다는 뜻입니다.

증자

자사의 스승이며 공자의 제자였던 증자는 '수기치인'을 다시 8단계로 나누어 《대학》이라는 책을 쓰기도 했습니다. 사물의 이치를 탐구하여 지식을 밝히고, 그 지식을 바탕으로 뜻을 성실히 하며 마음을 바르게 하는 것을 강조했습니다. 그렇게 내면을 닦아 나가면 자연스럽게 몸가짐이 바르게 되고, 수신을 바탕으로 가정을 화목하게 다스릴 수 있습니다. 집안이 바르게 서면 나라를 올바르게 이끌 수 있으며, 나라가 제대로 다스려질 때 비로소 천하가 평화로워진다고 봤습니다.

자사

공자의 손자 자사는 한 걸음 더 들어가 인간의 본성을 탐구했습니다. 그는 "하늘의 명이 성이다"라고 말하며, 하늘과 인간의 본성이 다르지 않다고 봤습니다. 인간은 하늘처럼 존귀한 존재이며, 본성을 따르는 것이 곧 도라고 했습니다. 그리고 그 도를 따라 때를 알고 중심을 지키며 목표에 이르도록 묵묵히 실천하는 삶을 '중용'이라고 정의했습니다.

맹자

자사의 학문을 이어받은 맹자는 성선설을 세웠습니다. 그는 인간의 마음속에는 '사단(四端)'이라고 불리는 선함의 씨앗이 심겨 있다고 말했습니다. 타인의 고통을 보고 안타까워하는 측은지심(惻隱之心)은 인의 시작이며, 옳지 못한 일을 부끄러워하는 수오지심(羞惡之心)은 의(義)의 시작이고, 남을 배려하고 양보하는 사양지심(辭讓之心)은 예의 시작이며, 옳고 그름을 분별하는 시비지심(是非之心)은 지(智)의 시작이라고 봤습니다. 이 네 가지 마음이 비록 작고 연약할지라도, 잘 가꾸면 누구나 훌륭한 사람으로 성장할 수 있다고 믿었습니다. 맹자는 유학을 윤리학으로 발전시켰습니다.

순자

냉철한 시선으로 인간을 바라본 순자는 인간의 본성은 악하다고 봤습니다. 본래 이기적이고 욕망에 치우친 존재이기에 그대로 두면 혼란과 다툼이 생긴다고 생각했습니다. 하지만 동시에 교육과 예를 통해 인간은 선한 길로 나아갈 수 있다고 믿었습니다. 하늘을 신적 존재가 아닌 자연의 법칙으로 이해하며, 길흉화복은 하늘이 아니라 인간 자신의 노력에 달려 있다고 봤습니다. 예는 욕망을 절제하고 사회를 안정시키는 제도이자 인간을 인간답게 하는 장치였습니다. "예가 없으면 인간과 짐승이 다르지 않다"라는 그의 말은 그만큼 예를 삶의 중심에 뒀음을 보여 줍니다.

결국 공자의 사상은 맹자에 의해 '인의'를 중심으로 한 이상주의로, 순자에 의해 '예'를 중심으로 한 현실주의로 나뉘었습니다. 맹자는 마음속의 선함을 믿고 그것을 키우는 길을 걸었고, 순자는 제도와 규범의 힘을 믿으며 질서를 세우는 길을 걸었습니다. 방향은 달랐지만, 두 사람 모두 공자가 꿈꾼 '인간다운 삶'이라는 목표에서는 같았습니다. 두 갈래로 나뉜 물줄기가 각기 다른 풍경을 품더라도 결국은 같은 바다로 흘러들듯이 말입니다.

깨지기 쉬운 관계에서
끝까지 지켜야 하는 도리

| 인륜 |

공자께서 말씀하셨다.

"도가 행해지지 않는 이유를 나는 알고 있다.

지자는 도를 지나쳐 버리고, 어리석은 자는 미치지 못하기 때문이다.

도가 밝아지지 않는 이유를 나는 알고 있다.

현자는 지나쳐 버리고, 불초한 자는 미치지 못하기 때문이다.

마시고 먹지 않는 사람은 없지만, 맛을 능히 아는 사람은 드물다."

子曰 道之不行也 我知之矣 知者過之 愚者不及也

道之不明也 我知之矣

賢者過之 不肖者不及也 人莫不飮食也 鮮能知味也

자왈 도지불행야 아지지의 지자과지 우자불급야

도지불명야 아지지의

현자과지 불초자불급야 인막불음식야 선능지미야

《중용》 제4장

나는 사람입니다. 나는 이 세상에서 가장 중요한 존재입니다. 내가 없으면 세상도 없으니 나는 누가 뭐라고 해도 세상의 중심입니다. 지난 50년을 그렇게 살았습니다.

나는 사람이며 인간입니다. 나는 사람들과 함께 살아가야 하는 존재이기에 그렇습니다. 지난 50년을 그렇게 살았습니다.

사람이 사는 방법과 인간이 사는 방법은 조금 다릅니다. 사람은 자기가 원하는 대로 마음대로 살아가도 됩니다. 어쩌면 그것이 행복한 길인지도 모릅니다. 하지만 다른 사람들과 함께 살아가는 인간이고자 한다면 살아가는 방법이 조금 달라져야 합니다.

우리는 사람들과 함께 살아갑니다. 그것도 잘 아는 사람들과 함께 살아갑니다. 생면부지의 사람들과 살아가는 경우는 매우 드물죠. 누구든, 자신과 가장 친한 사람은 부모입니다. 부모 없이 세상에 나온 사람은 단 한 명도 없습니다. 그래서 부모와의 인연은 천륜입니다. 세상에서 가장 가장 친하고 가장 가까운 사람입니다. 우리는 부모와 가장 가까이, 가장 오랫동안 함께 살아갑니다. 그다음 가까운 사람은 형제자매입니다. 부모와 형제자매는 우리 가족이죠. 가장 가까운 공동체입니다. 그것은 인간이나 동물이나 다 마찬가지입니다.

집에서는 형제자매를 매일 보지만 밖에서는 친구들을 매일 만나게 됩니다. 평생 친구만큼 특별한 관계도 사실은 드물죠. 형제보다 더 친한 친구들도 많습니다. 이윽고 성인이 되면 짝을 만나 결혼을 합니다. 세상에 부부만큼 가까운 사이도 없습니다. 부모도 1촌이고 형제자매도 1촌이지만, 부부는 무촌인 이유도 그만큼 가깝기 때문입니다. 그리고 직장에 다니면서 동료가 생기고 상사와 부하가 생기게 됩니다. 이 애증의 관계 또한 평생토록 따라다닙니다. 어떤 관계보다 관리의 기술이 필요한 영역입니다.

어쩌면 이 모두는 고무공이 아니라 유리공일지도 모릅니다. 한번 깨지면 원형 회복이 불가능하다는 점에서 말입니다. 그래서 이 관계들을 잘 보살피는 것이 너무나 중요합니다.

한번 깨지면 박살 나는 유리공과도 같은 관계들

2,500년 전 공자도 이 관계를 정확히 지적했습니다. 부모도 사람이고 자식도 사람입니다. 아무리 본성이 선하다고 해도 사람

은 감정의 동물이기도 하며, 순자의 주장처럼 태생적으로 욕심을 가지고 있을 수도 있습니다. 부모 자식의 관계가 쉽게 깨지는 것은 아니지만 평생 가지고 가야 하는 것이기에 여기에는 특별한 선약이 있으면 좋을 것입니다. 자식도 부모도 함께 지키면 서로에게 유익한 기준을 정할 필요가 있었던 거죠.

그것이 바로 효입니다. 자식은 부모에게 효를, 부모는 자식에게 사랑[慈]을 약속한 겁니다. 그것이 합당한 방법이고 오랫동안 가야 할 길이며 지켜야 할 도입니다. 일방적인 효나 일방적인 사랑은 종종 부작용이 생깁니다. 일방적인 방법은 오래가지 못합니다.

형제자매 간의 우애를 오랫동안 유지하기 위해서는 어떤 계약이 필요할까요? 이 역시 《중용》의 제안은 명료합니다. 바로 예입니다. 쉽게 말해, 순서입니다. 보통은 나이를 따르며, 형은 동생에게 동생은 형에게 서로 양보하면서 조화롭게 나가기를 바랐습니다. 예의가 어려우면 법으로 해결해야 하는데, 차가운 법으로 가기 전에 서로 예의를 지킬 수 있다면 한 집안에서 형제간의 우애가 깨지는 일은 없을 것입니다. 이 역시 일방적인 예가 아니어야 합니다. 동생이기 때문에 또는 형이기 때문에 무조건 양보하라고 요청해서는 안 됩니다. 물론 쉬운 일은 아닙니다. 쉬운 일이 아니기에 형제간에 의가 상하는 일이 비일비재합니다. 그럴수록 기본으로 돌아가기를 2,500년 전에도 원했던 겁니다.

부부 관계를 오랫동안 유지하기 위해서는 어떤 조건이 필요할까요? 부부간에는 용서를 들었습니다. 원래 사람은 실수하는 존재입니다. 한 번의 실수도 없이 인생을 살아가는 사람은 단연코 없습니다. 부부간에도 마찬가지입니다. 우리는 모두 실수를 저질렀을 때 상대에게 용서를 받아야 합니다. 그래야 함께 살아갈 수 있습니다. 바꿔 말하면, 내가 그런 상황에 처했을 때 다른 사람을 용서해 주어야 한다는 얘기입니다. 그런데 그것이 그렇게 어렵습니다. 가까운 사람은 가깝기에 어렵고, 먼 사람은 멀기에 용서가 어렵습니다. 다른 사람한테 욕 듣는 것이 싫다면 나도 욕 해서는 안 됩니다. 즐겁거나 기쁠 때는 수월하게 할 수 있지만, 억울하거나 우울하거나 슬프거나 화가 날 때는 그러기가 무척 어렵습니다. 그렇더라도 감정을 이겨 내면서 용서하는 것이 부부간의 바른 도리입니다.

친구 간의 우애를 오랫동안 유지하기 위해서는 어떤 조건이 필요할까요? 친구 간에는 믿음[信]과 즐거움[樂]을 들었습니다. 직장에서는 충(忠)을 들었습니다. 윗사람은 물론 동료나 부하들을 충심으로 대하라는 의미입니다. 직원을 대하거나 고객을 대할 때도 충심을 다한다면 관계가 소원해지는 일은 없을 것입니다. 업무나 프로젝트도 충심으로 온 정성으로 진행한다면 그보다 더 좋은 방안은 없을 것입니다.

알지만 어려운 일

충, 서, 효, 예, 락이 모두 만만치 않습니다. 자신의 감정을 이겨 내면서 충성하고 용서하고 효도하고 예의를 지키며 즐겁게 사는 것이 쉬운 일이 아님은 분명합니다. 인간으로서 지키고 실천해야 하는 길이라고 이미 2,500년 전에 정의했지만 그때나 지금이나 잘 지켜지지 않습니다. 공자가 그 이유를 이미 알고 있다고 했지만, 사실 우리도 모르지 않습니다.

똑똑한 사람들은 똑똑하기에 그냥 지나쳐 버리고 어리석은 사람들은 어리석기에 미처 생각하지 못하는 것입니다. 똑똑하고 잘난 사람, 거기에 돈과 권력을 잡은 사람들은 그것을 지키지 않아도 크게 불편하지 않기에 그냥 지나쳐 버리는 거죠. 똑똑하지도 못하고 돈도 없고 권력도 손에 쥔 사람들은 먹고살기에 지쳐 그것을 생각할 여유가 없고요.

유식하면서도 교활한 사람들은 이 다섯 가지를 굳이 지키지 않아도 삶에 큰 문제가 없으니 그냥 지나쳐 마음 내키는 대로 삽니다. 성실하고 충실하게 살지 않아도 편법과 교활함으로 부를 축적하고 다른 사람들에게 욕먹을 짓을 하면서도 오히려 그들을 힘으로 누르니, 정의는 정의대로 일상은 일상대로 흘러가 버립니다.

예나 지금이나 국가나 개인이나 살기가 힘든 이유는 좋은 방법이 있어도 따르는 사람이 적기 때문입니다. 도의 필요성은 알지만 개인의 욕심과 욕망, 어리석음과 불초함 등의 이유로 실행하지 않기 때문입니다. 좋은 방안이 있어도 쉬워 보이는 지름길이 있고 달콤한 편법이 있어, 잘난 사람은 잘나서 무시하고 못난 사람은 몰라서 무시하기 때문입니다.

그래서 공자도 "사람이라면 누구든 마시고 먹지 않는 자는 없다. 그러나 맛을 제대로 아는 이는 드물다"라고 한탄했습니다. 이 다섯 가지 정도의 정신은 누구나 알지만, 이 도가 개인과 사회 그리고 국가에 어떤 영향을 미치고 우리의 삶을 얼마나 인간적으로 만들지를 아는 이는 드물다는 얘기입니다.

개인에게도 바른길은 삶을 지탱하는 근본입니다. 가는 길이 분명하지 않으면 욕망과 감정에 휘둘려 길을 잃고 방황하게 됩니다. 충은 자기 일에 최선을 다하게 하고, 서는 타인을 품는 마음을 키우며, 효는 뿌리를 잊지 않게 합니다. 예는 삶에 절도를 세우고, 락은 마음의 조화를 이루게 합니다. 이 다섯 가지 도를 지닌 사람은 어떤 상황에서도 흔들림 없이 평안하게 살아갈 수 있습니다.

멀리서 구하지 말고
주변을 보라

| 한계 |

군자의 도는 널리 쓰이면서도 숨겨져 있다.

평범한 부부의 어리석음으로도 가히 알 수 있지만,

도의 지극함에 이르게 되면 비록 성인이라고 할지라도 알지 못하는 바가 있다.

평범한 부부의 못남으로도 가히 도를 행할 수 있지만,

그 도의 지극함에 이르게 되면 비록 성인이라고 할지라도 못하는 바가 있다.

君子之道 費而隱

夫婦之愚 可以與知焉 及其至也 雖聖人 亦有所不知焉

夫婦之不肖 可以能行焉 及其之也 雖聖人 亦有所不能焉
군자지도 비이은
부부지우 가이여지언 급기지야 수성인 역유소부지언
부부지불초 가이능행언 급기지야 수성인 역유소불능언

《중용》 제12장

우리 사회를 이끌어 가는 리더의 영역은 그 끝이 어디일까요? 현명한 대통령이 나타나 통치하면 지금까지 생각지도 못했던 엄청난 발전을 이루지만, 못난 대통령이 나타나 통치하면 지금까지의 발전을 모두 까먹는 몰락으로 가기도 합니다. 군주나 대통령이 가지고 있는 도의 한계란 실로 연못의 고기와 창공을 날아가는 솔개만큼이나 차이가 나는 거죠.

《중용》 제12장에서는 도의 범위에 대해 말합니다. 남녀노소 부귀빈천을 불문하고 사람이면 누구나 타고난 본성에 따라 살아가는 것이 인간의 도리에 맞기에 굳이 구분이나 차이를 둘 필요가 없습니다. 자사는 이렇게 말합니다.

군자의 도는 널리 쓰이면서도 숨겨져 있다.
평범한 부부의 어리석음으로도 가히 알 수 있지만,

도의 지극함에 이르게 되면 비록 성인이라고 할지라도 알지 못하는 바가 있다.

    평범한 사람이든 군자든 인간의 도리라는 측면에서는 다르지 않습니다. 인간의 도리는 바람과 비슷합니다. 늘 곁에 있으면서도 눈에 보이지 않습니다. 흔들리는 나뭇잎을 통해서야 비로소 바람을 느끼게 됩니다. 바람은 산들바람도 있지만 태풍 같은 강풍도 있으며, 그 영향은 매우 다릅니다. 가정을 지키는 가장의 도리와 기업을 경영하는 사장의 도리와 국가를 이끄는 대통령의 도리는 본질은 같지만 그 영향은 산들바람과 태풍 이상으로 다릅니다.

    도는 물과 같아서 누구나 쉽게 한 모금 마실 수 있지만, 바다의 깊이를 끝까지 알 수 없는 것처럼 그 지극한 경지는 성인이라도 다 헤아리기 어렵습니다. 도는 햇살처럼 언제나 우리 일상을 비추어 주지만, 태양을 똑바로 바라보며 그 뜨거운 본질을 다 이해하기란 불가능한 것처럼 도 역시 그렇습니다. 결국 도는 멀리 있지 않고 늘 가까이 있으면서도, 그 깊이가 무궁무진하여 누구도 완전히 알 수 없습니다.

평범한 도리의 힘

우리가 지켜야 할 도리는 무엇보다 성실함에 기초합니다. 도리는 화려한 말이나 거창한 이론 속에 있지 않고, 매일의 일상에서 책임을 다하는 태도로 드러납니다. 평범한 사람의 소소한 삶에서도 도의 자취를 찾을 수 있는 이유는, 그 안에 서로를 향한 정성과 성실이 깃들어 있기 때문입니다. 인간은 본래 하늘로부터 성실과 정성을 이어받았으나, 욕심과 환경의 영향을 받으며 살아가기 때문에 자연처럼 저절로 성실을 이루지는 못합니다. 하지만 작은 개인의 성실이 모여 가정을 이루고, 큰 리더의 성실이 사회와 국가에 영향을 미칩니다.

우리가 지켜야 할 도리는 관계 속에서 구현됩니다. 도리는 멀리 있는 것이 아니라 부모를 공경하고, 이웃을 배려하며, 친구와 동료를 존중하는 예의 속에 있습니다. 곁에 있는 사람과 조화를 이루며 살아가는 것, 곧 내가 누구와 어떻게 관계 맺으며 살아가느냐가 도리의 핵심입니다. 자사보다 한 세기 후에 태어난 맹자는 이 다섯 가지 인간관계를 '오륜(五倫)'이라고 했고, 이 관계들을 통해 도가 구현되고 세상이 유지된다고 봤습니다. 부부(夫婦), 부자(父子), 형제(兄弟), 붕우(朋友), 군신(君臣) 관계가 바로 그것입니다.

《중용》에서는 부부라는 관계의 본질을 결코 가볍게 보지 않습니다. 부부는 가장 기초적인 인간관계이자 모든 관계의 시작점입니다. 흥미로운 점은 철학적 사유 방법을 익히거나 경전을 읽지 않았더라도 서로 위하고 아끼는 마음을 가지고 살아갈 수 있다는 것입니다. 부부란 참으로 쉽고도 어려운 인연입니다. 사랑해서 만났지만, 함께 살아가는 데는 그 이상이 필요합니다. 아이를 낳고 키우고, 부모를 봉양하고, 하루하루의 현실을 감당하며 살아가는 일은 때때로 기적처럼 느껴지기까지 합니다. 그래서 부부 사이만큼 '중용의 도'가 절실히 필요한 관계도 드뭅니다.

평범한 부부의 어리석음으로도 가히 도를 알 수 있다.

자사는 비범한 지식이나 특별한 능력이 아니라 오히려 평범한 일상 속 부부의 삶에서 중용의 도가 실천된다고 말합니다. 이는 서로가 다름을 인정하고, 치우치지 않으며, 지나치지 않는 태도에서 시작됩니다.

특히 오십이 되면 부부 관계는 더 새롭게 다가옵니다. 얼마 전 SBS 예능 프로그램 〈미운 우리 새끼〉에서 가수 윤민수가 이혼한 부인과 함께한 20여 년의 삶을 정리하며 편안해진 듯한 모습과 만감이 교차하는 모습을 보였는데, 오십의 부부가 안고 있는 복잡한 마음을 그대로 드러내 주었다고 생각합니다.

오십의 부부 관계는 화려한 이벤트가 아니라 성실한 일상에서 지켜집니다. 아침의 인사, 피곤할 때 건네는 물 한잔, 주말 산책 같은 소소한 순간들이 관계를 단단하게 합니다. 단순히 남편과 아내가 아니라 인생의 동행자로 다시 서야 합니다. 다름을 인정하고, 끝까지 함께 걷겠다는 마음을 지켜 가는 것이 바람직합니다.

부부의 중용은 특별한 철학이 아닙니다. 평범한 일상에서 '지나치지 않게, 모자라지 않게' 살아가는 태도입니다. 부부의 길은 완벽해지는 길이 아닙니다. 그저 서로의 다름을 덜어 안고, 같은 방향을 바라보며, 오늘 하루를 함께 견뎌 내는 일. 그 길에서 당신과 내가 서로의 거울이 되어 주는 일입니다. 그 소박한 사랑과 정성, 매일 반복되는 일상 속의 인내와 희생이야말로 도의 실천이요, 중용의 구체적 구현입니다.

길은
멀리 있지 않다

| 충서 |

공자께서 말씀하셨다.

"도가 사람에게서 멀리 있는 것이 아닌데,

사람이 도를 행한다고 하면서 사람에게서 멀어진다면 도를 행한다고 할 수 없다."

子曰 道不遠人 人之爲道而遠人 不可以爲道

자왈 도불원인 인지위도이원인 불가이위도

《중용》제13장

공자나 자사가 말하는 도는 공허한 도가 아닙니다. 도가 멀리 있지 않다는 말은 사람들이 평소에 행하는 삶으로서의 도리가 우리 삶에서 멀리 떨어져 있지 않다는 말입니다. 인간의 도리라는 것이 어려운 철학이 아니라 관계를 부드럽게 하고 편안하게 해 함께 웃는 얼굴로 조화롭게 잘 살아가기 위한 엔진 오일 같은 것이니까요.

자사는 《중용》 제1장에서 "도는 잠시도 떠날 수 없으니, 도가 떠날 수 있다면 도가 아니다"라고 말한 적이 있습니다. 이는 도가 사람에게서 멀리 있지 않으니, 사람이 도를 행한다고 하면서 사람에게서 멀어진다면 도를 행한다고 할 수 없다는 말입니다. 도리를 행하는데 그 이론이 너무 복잡하여 우리의 실생활과 동떨어져 있다면 그것은 올바른 도가 아니죠. 이론을 위한 이론이서나 말장난에 불과합니다.

그래서 공자도 《시경》의 노랫말을 사례로 들었습니다.

도낏자루 베는구나, 도낏자루 베는구나. 도낏자루 표본은 멀리 있지 않다네.
사람들은 도낏자루를 잡고 도낏자루로 쓸 나무를 베면서도,
그것을 주시하지 않고 오히려 표본이 멀리 있다고 여긴다.
詩云 伐柯伐柯 其則不遠 執柯以伐柯 睨而視之
시운 벌가벌가 기즉불원 집가이벌가 예이시지

'사람들은 도낏자루를 잡고 도낏자루로 쓸 나무를 베면서도, 손에 든 도낏자루는 무시한 채 오히려 표본이 멀리 있다고 한다'는 거죠. 사람이 지켜야 할 도리는 결코 멀리 있는 것이 아닌데도 도리를 실천한다고 하면서 정작 사람과는 멀어져 도를 위한 도, 도리를 위한 도리를 논하고 있으니, 그것은 진정한 도리를 실천하는 것이 아니라는 얘기입니다.

사람의 네 가지 도리

자사는 추가로 네 가지를 더 들었습니다. 공자의 말씀을 들어 인간의 도리로서 누가 생각해도 합당한 네 가지는 부모와 형과 친구와 군주와의 관계에 관한 일입니다. 이를 요즘의 부모와 형제자매와 친구와 직장 상사와의 관계로 바꿔도 별반 다르지 않을 것입니다.

군자의 도에는 네 가지가 있는데 "나는 그 가운데 한 가지도 잘하지 못한다"라고 공자는 이야기했습니다.

자식에게 바라는 것으로, 부모를 섬기는 일을 잘하지 못하며
신하에게 바라는 것으로, 임금을 섬기는 일을 잘하지 못하며
아우에게 바라는 것으로, 형을 섬기는 일을 잘하지 못하며

벗에게 바라는 것으로, 먼저 벗에게 베푸는 일을 잘하지 못한다.

所求乎子 以事父 未能也

所求乎臣 以事君 未能也

所求乎弟 以事兄 未能也

所求乎朋友 先施之 未能也

소구호자 이사부 미능야

소구호신 이사군 미능야

소구호제 이사형 미능야

소구호붕우 선시지 미능야

《중용》 제13장

부모님을 섬길 때는 자식에게 바라는 마음으로 섬기고, 임금을 섬길 때는 신하에게 기대하는 마음으로 섬기며, 형을 대할 때는 동생에게 바라는 마음으로 대하고, 친구를 대할 때는 내가 친구에게 바라는 마음으로 대하는 것을 말합니다. 한마디로, 다른 사람에게 대접받고 싶은 대로 다른 사람을 대하라는 말이죠. 결국은 서를 말한 것입니다. 그러니 사람의 도리는 딱 두 가지로 정리됩니다. 자기 자신에게는 충, 다른 사람에게는 서입니다.

내 마음을 다하는 충과 남을 이해하고 배려하는 서는 도에서 멀

지 않으니 자기에게 행해지기를 원하지 않는 일은 역시 남에게
도 행하지 말아야 한다.

忠恕違道不遠 施諸己而不願 亦勿施於人

충서위도불원 시제기이불원 역물시어인

《중용》 제13장

자사는 바로 공자의 어록을 통해 가장 비근한 사례를 들었습니다. 바로 충서(忠恕)입니다. 자기 자신에게 온 마음을 다하는 것이 충입니다. 자신이 할 수 있는 온 힘을 다해 집중하는 마음이죠. 자신의 직업에 충심을 다하고, 가족과의 관계에 충심을 다하고, 동료나 친구들에게 충심을 다하는 것이 충의 마음입니다. 그렇게 하는 것이 사람으로서의 바른 도리, 도입니다. 그러니 도는 우리의 마음과 행동에서 잠시도 떠나서는 안 되는 것 중의 하나입니다. 한자를 풀어 보자면, 서(恕)는 '같을 여(如)'와 '마음 심(心)'으로 구성돼 너와 마음이나 나의 마음이 같음을 뜻합니다. 용서가 서입니다. 자기에게 행해지기를 원하지 않는 일은 남에게도 행하지 말아야 한다는 의미죠. 내가 겪고 싶지 않은 바라면 남에게도 하지 말라는 의미이기도 합니다.

충이 나의 마음을 다독이는 것이라면, 서는 상대의 마음을 다독거리는 것입니다. 남에게 욕 듣는 것이 싫으면 남에게 욕하지

말라는 얘기죠. 다른 사람이 나에게 짜증 내는 것이 싫다면 나도 남에게 짜증 내지 말라는 얘기입니다. 그것이 우리가 가져야 할 가장 기본적인 도리요, 도라는 것입니다. 대단한 무언가를 요구하는 것이 아닙니다. 보통 사람들이 할 수 없는 고도의 기술이나 남다른 경지를 요구하는 것이 아니라 누구나 조금만 마음을 쓰면 어렵지 않게 해낼 수 있는 일입니다.

문제는 실천입니다. 마음과 실천은 다른 문제이기에 더욱 그렇습니다. 마음보다 실천이, 각오보다 행동이 수백 배는 더 어려운 일이기에 2,000년 전에도, 1,000년 전에도, 지금도 공자의 말이 필요합니다. 《중용》이 필요한 이유입니다.

자기 자리를
지키는 마음

| 리더 |

군자는 그 처해 있는 지위에 따라 도리를 행하고, 그 밖의 것은 바라지 않는다.
부귀의 상황에 있으면 부귀한 처지에서 행할 도리를 행하고,
빈천에 처해 있으면 빈천한 처지에서 행할 도리를 행하며,
오랑캐 나라에 있는 상황이라면 오랑캐 나라에서 행할 도리를 행하고,
환난이 닥친 상황이라면 환난 속에서 행할 도리를 행하니,
군자는 어떤 상황에서도 스스로 얻지 못함이 없다.
위에 있으면서 아랫사람을 업신여기지 않고,

아래에 있으면서 윗사람에게 아부하여 매달리지 않는다.

자신을 바르게 하고 남에게 요구하지 않으면 원망할 일이 없으니,

위로는 하늘을 원망하지 않으며, 아래로는 남을 탓하지 않게 된다.

그러므로 군자는 평안하게 거처하면서 천명을 따르고,

소인은 위험한 짓을 행하면서 요행을 바란다.

공자께서 말씀하셨다.

"활쏘기는 군자의 자세와 유사한 점이 있으니,

활을 쏘아 정곡을 맞히지 못하면 자신을 돌이켜 자신에게서 그 원인을 찾는다."

君子 素其位而行 不願乎其外

素富貴 行乎富貴 素貧賤 行乎貧賤 素夷狄 行乎夷狄 素患難 行乎患難

君子無入而不自得焉 在上位 不陵下 在下位 不援上

正己而不求於人則無怨 上不怨天 下不尤人

故君子 居易以俟命 小人 行險以徼幸

子曰 射有似乎君子 失諸正鵠 反求諸其身

군자 소기위이행 불원호기외

소부귀 행호부귀 소빈천 행호빈천 소이적 행호이적 소환난 행호환난

군자무입이부자득언 재상위 불능하 재하위 불원상

정기이불구어인즉무원 상불원천 하불우인

고군자 거이이사명 소인 행험이요행

자왈 사유사호군자 실제정곡 반구제기신

《중용》 제14장

편안하고 좋은 자리에 있을 때는 바른길을 말하고 따르기가 어렵지 않습니다. 그러나 삶이 우리를 벼랑 끝으로 몰아세울 때, 그 순간 도리를 지킨다는 것은 결코 쉬운 일이 아닙니다. 돈이 없으면 하루도 버티기 힘들고, 억울함이 가슴을 짓누르는 현실 앞에서 우리는 쉽게 흔들리고 무너집니다.

하지만 바로 그때야말로 사람이 가장 큰 시험대에 서는 순간이며, 내가 진정 어떤 사람인가가 드러나는 시간일지도 모릅니다. 상황을 당장 바꾸기는 어렵더라도 마음만은 무너지지 않겠다는 다짐, 작은 정직 하나라도 놓치지 않으려는 성실함이야말로 어둠 속에서 자신을 지켜 내는 마지막 등불이 됩니다.

어떤 상황에서도

《중용》 제14장은 어떤 처지에 있든 그 자리에서 지켜야 할 도리가 있음을 우리에게 일깨워 줍니다. 처음부터 자신이 원하는 곳에서 원하는 일을 하며 사는 사람은 거의 없습니다. 부귀한 자리에 오를 때도 있고, 모든 것을 잃는 순간도 있으며, 낯선 곳에서 홀로 견뎌야 할 때도 있고, 갑작스레 닥친 고난에 휩쓸릴 때도 있습니다. 하지만 자리가 사람을 흔들지라도 도리를 지키는 사람은 자리마저 변화시킬 수 있음을 알려 줍니다.

> **부귀의 상황에 있으면 부귀한 처지에서 행할 도리를 행하고,**
> **빈천에 처해 있으면 빈천한 처지에서 행할 도리를 행하며,**
> **오랑캐 나라에 있는 상황이라면 오랑캐 나라에서 행할 도리를 행하고,**
> **환난이 닥친 상황이라면 환난 속에서 행할 도리를 행하니,**
> **군자는 어떤 상황에서도 스스로 얻지 못함이 없다.**

소아마비로 몸을 움직이기 힘들었던 문학평론가 장영희 교수는 늘 휠체어에 의지한 채 강단에 섰습니다. 그러나 그녀는 늘 웃었고 세상을 따뜻하게 바라봤습니다. 삶이 팍팍해도 마음은 시처럼 고왔습니다. 한 푼이 귀한 삶에서도 글과 강의로 사람들에게 위로와 힘을 건넸습니다. "사는 것이 힘들지만 살아 볼 만하다"라는 그녀의 문장은 부유하지 못한 상황에서도 품격을 잃지 않는 도리를 보여 주었습니다.

대한민국 최초로 메이저리그에 진출한 박찬호 선수는 언어도, 문화도 다른 미국 땅에서 온갖 편견과 싸우며 자신을 지켜 냈습니다. 화려한 성적을 거둔 데서 그치지 않고 끝까지 예의를 지키고 동료를 존중했으며, 한국인의 성실함과 인내를 증명했습니다. 경기를 마칠 때마다 팬들에게 고개 숙여 인사하던 모습은 낯선 땅에서조차 도리를 다하고자 하는 리더다운 자세였습니다.

아덴만 작전 당시 총상을 입은 선장을 끝까지 살려 낸 외상외과 전문의 이국종 교수는 응급 헬기가 뜨지 않는 현실, 의료 시스템의 허점, 외과 인력의 고갈 속에서도 끝까지 환자의 생명을 위해 싸웠습니다. "내게 주어진 자리는 생명을 살리는 곳"이라며 정치도 명예도 외면하고, 자기 자리에서 할 수 있는 도리를 지켰습니다. 환난 속에서도 흔들리지 않는 신념과 책임감이 그를 진짜 리더로 만들었습니다.

자리가 삶의 질을 결정하지 못함을 우리는 알고 있습니다. 삶의 진정한 의미는 그 자리에 있을 때 어떻게 행동했는가에 달려 있습니다. 도리를 지킨다는 것은 부귀하지만 교만하지 않고, 가난해도 주눅 들지 않으며, 낯선 장소에서도 나를 잃지 않고, 환난 중에도 타인을 위해 움직이는 것을 말합니다. 그것이야말로 어떤 상황에서도 자신을 얻는 길입니다.

어떤 자리에서도

 사람은 자리에 따라 흔들릴 때가 많습니다. 높은 자리에 오르면 오만해지기 쉽고, 낮은 자리에 있으면 비굴해지기 쉽습니다. 높은 자리에 있으면서도 겸손을 잃지 않는다는 것은 그만큼 자기 내면이 단단하다는 뜻입니다. 낮은 자리에 있으면서도 자기를 존중하는 사람은 어떤 외풍에도 중심을 잃지 않는 사람입니다. 이 두 가지를 동시에 지닌 사람, 그런 사람이야말로 진짜 리더입니다.

윗자리에 있으면서 아랫사람을 업신여기지 않고,
아랫자리에 있으면서 윗사람에게 아부하여 매달리지 않는다.
자신을 바르게 하고 남에게 요구하지 않으면 원망할 일이 없으니,
위로는 하늘을 원망하지 않으며, 아래로는 남을 탓하지 않게 된다.
군자는 평안하게 거처하면서 천명을 따르고,
소인은 위험한 짓을 행하면서 요행을 바란다.

 한국 천주교 역사상 최초의 추기경이었던 김수환 추기경은 '한국 사회의 도덕적 양심'으로 불렸습니다. 늘 허름한 신학생 복장을 하고 다니며 "내가 먼저 낮아지자"라고 말하는 그 앞에서 수많은 정치인과 재벌이 고개를 숙였습니다. 어느 겨울날, 거리에서 만난 노숙자가 춥다고 말하자 그 자리에서 자신의 외투를 벗어 주었다는 일화는 아주 유명합니다. 존귀한 자리에 있었지만 결코 아랫사람을 낮추어 보지 않았습니다. 그는 사람을 '신분'으로 보지 않았고, 오롯이 '존재'로 대했습니다.

3·1운동 직후 유관순 열사의 부친 유중권 선생은 나라를 잃은 현실 앞에서 고개를 숙이지 않았습니다. 딸이 체포돼 끌려가고 자신도 끌려가 모진 고문을 당하면서도 그는 일본 관리에게 머리를 숙이지 않았습니다. 가난한 시골 마을의 이름 없는 농부였지만 조국에 대한 신념 하나로 권력 앞에서도 당당히 섰고, 결국 순국했습니다. 아무리 낮은 자리에 있어도 사람됨을 잃지 않는 것, 그것이 군자의 도리이며 오늘날 우리가 본받을 리더의 마음가짐이 아닐까 합니다.

진정한 리더는 위치가 높아서 존경받는 것이 아닙니다. 낮아져도 당당하고 높아져도 겸손하기에 존경받습니다. 그는 자기 자신을 먼저 바로 세웁니다. 자기를 바로 세운 사람은 남을 쉽게 탓하지 않습니다. 자신을 수양한 사람은 하늘도 원망하지 않습니다. 자기 삶을 담담히 받아들이고 그 안에서 소명을 찾습니다. 그런 이들은 자리에 안주하거나 운에 기대지 않습니다.

활쏘기와 오십의 성찰

공자는 군자의 자세를 활쏘기에 비유했습니다. 단순한 활쏘기의 법칙이 아니라 인생을 살아가는 근본 태도에 대한 가르침입니다.

공자께서 말씀하셨다.
"활쏘기는 군자의 자세와 유사한 점이 있으니,
활을 쏘아 정곡을 맞히지 못하면
자신을 돌이켜 자신에게서 그 원인을 찾는다."

오십은 더 이상 변명으로 자신을 달래기에는 어색한 나이입니다. 불평불만을 반복하는 것도 반세기를 살아온 어른의 모습과는 어울리지 않습니다. 남을 탓하는 마음 역시 책임을 미루는 태도일 뿐입니다. 오십은 이제 원인을 밖에서 찾기보다 내 안에서 찾아야 합니다. 그래야만 삶을 개선할 수 있고, 새롭게 성장할 수 있으며, 사람들과도 화합할 수 있습니다.

《논어》에는 "군자는 자신에게서 구하고, 소인은 남에게서 구한다(君子求諸己 小人求諸人)"라는 구절이 있습니다. 군자는 잘못을 만나면 자기 안에서 그 원인을 찾습니다. 그러나 소인은 언제나 남을 탓하고, 상황과 환경을 이유로 삼습니다. 오십은 군자와 소인의 길이 갈라지는 중요한 시점입니다. 나를 돌아보는 성찰의 길을 택할 때, 비로소 인생의 후반부가 제 궤도에 들어설 수 있습니다.

언제까지 남 탓이 내 삶에 머물도록 허용할 건가요? 과연 언제까지 그것을 핑계 삼아 내 성장을 미뤄 둘 건가요? 활이 빗나갔다면 활 쏘는 자세를 고쳐야 하듯, 삶이 뜻한 방향과 어긋났다면 나를 바꾸는 것부터 시작해야 합니다. 그것이 오십에 필요한 성찰의 자세이며, 성숙한 어른이 걸어야 할 길입니다.

낮은 곳에서 시작하라

| 출발 |

군자의 도는

먼 곳을 가려면 반드시 가까운 곳으로부터 시작해야 하는 것과 같고,

높은 곳에 오르려면 반드시 낮은 곳으로부터 시작해야 하는 하는 것과 같다.

君子之道 辟如行遠必自邇 辟如登高必自卑

군자지도 비여행원필자이 비여등고필자비

《중용》 제15장

군자의 도는 거창한 곳에서 시작되지 않습니다. 《중용》 제15장은 "먼 길을 가려면 가까운 데서부터 시작해야 하고, 높은 곳에 오르려면 낮은 데서부터 시작해야 한다"라고 가르칩니다. 이 말은 너무도 단순하고 당연해 보이지만, 바로 그렇기에 자칫 흘려버리기 쉬운 진리를 담고 있습니다.

우리는 대부분 큰 성취를 바라며 살아갑니다. 학문에서, 직장에서 또는 인생의 목표에서 더 크고 더 높은 것을 꿈꿉니다. 그러나 큰 성취는 결코 단번에 이루어지지 않습니다. 작은 것에서 출발해 차근차근 다져 나가야 합니다. 발밑의 흙먼지를 살피며 한 걸음씩 옮겨야 먼 길에 닿고, 낮은 데서 출발해야 높은 곳에 설 수 있습니다.

하지만 우리는 자꾸만 지름길을 찾곤 합니다. 빨리 가고 싶고, 쉽게 얻고 싶기 때문입니다. 그러나 그 끝은 대개 허망합니다. 도달하지 못하거나, 잠깐 얻은 성과가 오래가지 못해 후회로 남기 쉽습니다. 그래서 자사는 군자의 도가 오늘의 발밑을 살피는 데서 시작된다고 말합니다.

사람들은 더 큰 인정을 받고 싶어 하고 계속 승진해 정상에 서고 싶어 합니다. 그러나 현실은 늘 시시해 보이고, 억울한 일도 많으며, 당장 변화가 보이지 않습니다. 이런 상황에서 사람들은 큰 목표만 바라보다가 소소하지만 중요한 책임과 의무를 소홀히 하곤 합니다.

그러나 진짜 성취는 작은 성실에서 비롯됩니다. 보고서의 한 줄을 꼼꼼히 쓰고, 메일 한 통을 정성껏 다듬으며, 회의에서 한마디라도 책임 있게 말하는 것. 이 작은 정성들이 결국 큰 신뢰로 쌓입니다. 조직은 화려한 말보다 꾸준한 행동을 기억합니다. 승진을 원한다면 지금의 자리에서 자신을 단단히 세워야 합니다. 소소한 정성과 지속되는 긴장감이 상승효과를 일으켜 승진을 만들기 때문입니다.

정치인의 길은 더욱 그렇습니다. 큰 뜻을 품었다는 말만으로는 부족합니다. 국민을 위한다고 외치는 구호보다 국민 한 사람, 한 사람을 향한 태도가 먼저입니다. 사진을 찍을 때만 미소 짓고, 대중 앞에서만 겸손을 가장하는 리더십은 오래가지 못합니다.

진정한 리더는 낮은 자리에서 국민을 바라볼 줄 아는 사람입니다. 말 없는 눈빛 속 사연을 읽을 수 있고, 작게 흘러나오는 목소리에도 귀 기울이는 사람입니다. 높은 자리에 있으면서도 낮은 마음으로 국민을 대할 때 흔들리지 않습니다. 낮은 자리에서 마음을 쌓지 않는다면, 높은 자리는 언제나 위태롭습니다. 군자의 길은 정치인에게 더욱 무겁게 다가옵니다. 권력이 높을수록 무너질 때의 충격파 또한 크기 때문입니다.

우리의 삶 역시 마찬가지입니다. 우리는 흔히 더 많은 돈, 더 큰 아파트, 더 높은 지위를 가져야 행복이 올 것으로 믿습니다. 그러다 보니 행복은 늘 멀리 있고 갈증만 심해집니다. 사실 행복은 가까이에도 있습니다. 차 한잔의 여유, 가족과 나누는 한마디 대화, 내일을 준비하는 오늘의 작은 수고. 이 모든 것이 이미 행복의 발걸음입니다.

크고 좋은 것을 가져야만 행복해지는 것이 아니라는 사실을 우리는 모르지 않습니다. 행복은 내가 있는 이 자리, 사소해 보이는 한순간에서 시작됩니다. 가까운 것을 놓치지 않는다면, 행복은 이미 곁에 와 있습니다.

오십, 작은 시작이 큰길을 만든다

멀리 가는 길은 한 걸음에서 비롯되고, 높은 정상에 오르는 길도 낮은 언덕에서 시작합니다. 인생 역시 다르지 않습니다. 두꺼운 책도 한 줄의 문장에서 시작되고, 마라톤 완주 역시 첫 발걸음에서 비롯됩니다. 풍성한 가을 추수는 봄날의 파종에서 시작되고, 임원은 사원에서, 장군은 소위에서 출발했습니다. 유명 강사에게도 서툰 첫 강의가 있었고, 베스트셀러 작가에게도 팔리지 않는 책을 묵묵히 써 내려간 시간이 있었습니다.

먼 길은 가까운 데서부터 시작하고

높은 곳에 오르려면 낮은 곳부터 시작한다.

行遠自邇 登高自卑

행원자이 등고자비

우리가 부러워하는 좋은 결과는 하루아침에 이루어지지 않습니다. 그 뒤에는 눈에 보이지 않는 시간과 정성이 차곡차곡 쌓여 있습니다. 어느 날 갑자기 잘되는 듯 보이지만, 그것은 착시일 뿐입니다. 삶은 언제나 정직하게 흐르고, 오십 이후의 길 역시 작은 성실과 꾸준함 속에서 열매를 맺습니다.

많은 사람이 오십을 맞으며 자신에게 묻습니다.

'이제 늦은 것은 아닐까?'

그러나 오십은 늦음이 아니라 또 다른 출발선입니다. 앞만 보고 달리느라 숨 가빴던 시간을 지나, 이제는 속도를 늦추고 앞으로 어떤 길을 걸어야 할지 돌아볼 때입니다. 직장에서 후배들에게 자리를 내주더라도 여전히 내가 걸어야 할 길은 남아 있습니다. 화려한 직함보다 중요한 것은 매일의 성실입니다. 하루 30분의 독서, 몇 줄의 글쓰기, 건강을 위한 작은 습관이 쌓여 인생 제

2막이 열립니다.

 큰 꿈은 작은 실천으로 가까워지고, 큰 성취는 낮은 자리에서부터 세워집니다. 삶은 지름길이 아니라 차근차근 걸어가야 하는 길입니다. 가정이 화목해야 사람이 평화롭고, 사람이 평화로워야 세상도 평화로워집니다. 공자는 그 진리를 가까운 관계 속에서 읽어 냈습니다. 지금 나와 가장 가까운 사람을 향한 정성이야말로 내가 바라는 삶의 진정한 출발점입니다. 먼 길은 발밑에서 시작되고, 큰 행복은 언제나 곁에서 시작됩니다.

 인생의 전반부가 그러했듯, 후반부도 작은 시작과 꾸준한 성실이 쌓여 완성됩니다. 오십은 끝이 아니라 새로운 시작입니다. 비록 늦게 시작하는 것처럼 보여도 결코 늦은 것이 아닙니다. 작은 시작을 두려워하지 않고 오늘을 성실히 살아간다면, 오십 이후의 삶에서 또 다른 전성기를 맞이할 수 있습니다.

자리와 권력보다 필요한 자신을 바로 세우기

| 수양 |

정치는 사람에 달려 있고, 사람을 얻기 위해서는 군주는 자신을 닦아야 하고,

자신을 닦기 위해서는 도를 닦아야 하고, 도를 닦기 위해서는 인해야 한다.

爲政在人 取人以身 修身以道 修道以仁
위정재인 취인이신 수신이도 수도이인

《중용》 제20장

현대인은 모두 리더입니다. 두 사람 이상이 모여 살면 그중에

서 한 명은 리더입니다. 혼자 살아도 셀프 리더입니다. 그러니 사원도 사장도, 9급 공무원도 대통령도, 자영업자도 기업 총수도 모두 리더입니다.

《중용》제20장은 공자가 당시 노나라 군주에게 직접 당부한 가르침으로 구성돼 있습니다. 공자는 자신을 닦으며 수양하는 것이 국가를 다스리는 지름길임을 강조합니다. 정치는 단순한 권력 행사나 운영이 아니라 도를 실천하는 과정이며, 출발점은 언제나 한 사람의 '자기 수양'입니다. 아무리 훌륭한 법과 제도가 있어도, 그것을 실행하는 사람이 성실하지 못하면 결국 무너지고 만다는 것이 요점입니다. 마치 할아버지가 청년이 된 손주를 대하듯, 일흔을 넘어가는 공자가 젊은 군주에게 다정하지만 강하게 이야기합니다.

사장이든 직원이든 장관이든 팀장이든 팀원이든, 근본은 자기 경영입니다. 또한 자기 관리이자 자기 수신이며 자기 수양입니다. 30대든 50대든 70대든 마찬가지입니다.

그렇다면 어떻게 자신을 닦을 수 있을까요? 결론은 '정성'입니다. 정성은 단지 거짓이 없다는 뜻에 그치지 않습니다. 삶에 임하는 깊은 마음가짐이며, 자신과 타인을 속이지 않고 진실하게 살아가려는 태도입니다. 공자는 "정성은 곧 하늘의 도"라고 했습니다. 정성스럽게 살아가는 사람은 자연스럽게 도에 이르게 되고, 그 도를 따르는 삶은 곧 하늘의 뜻에 가까워지는 삶이라는 의미입니다. 모든 리더에게 필요한 자기 수양의 원리 여섯 가지를 《중용》 제20장은 다음과 같이 말합니다.

첫째는 인입니다.
정치는 훌륭한 신하를 얻는 데 달려 있는데,
훌륭한 신하를 얻기 위해서는 군주는 자신을 닦아야 하고
자신을 닦기 위해서는 도를 닦아야 하고
도를 닦기 위해서는 인해야 한다.

정치도 경제도 나의 미래도 마찬가지입니다. 정치는 훌륭한 신하를 얻는 데 달려 있는데 훌륭한 신하를 얻기 위해 군주는 자신을 닦아야 하고, 자신을 닦기 위해서는 도를 닦아야 하고, 도를 닦기 위해서는 인해야 하는 것입니다. 경영은 훌륭한 직원을 얻는 데 달려 있는데 훌륭한 직원을 얻기 위해 리더는 자신을 닦아야 하고, 자신을 닦기 위해서는 도를 닦아야 하고, 도를 닦기 위해서는 인해야 하는 것입니다. 멋진 미래는 훌륭한 역량을 얻는 데 달려 있는데 훌륭한 역량을 얻기 위해서는 자신을 닦아야 하고, 자신을 닦기 위해서는 먼저 인해야 하는 것입니다.

둘째는 달덕(達德)입니다.

앞서 설명한 대로 공자는 인간 사회를 구성하는 핵심 관계로 다섯 가지를 들었습니다. 군신, 부자, 부부, 형제, 붕우입니다. 이 다섯 가지 관계 속에서 질서와 조화를 이루는 것이 사회의 근본이며, 이 도리를 실천하는 데 필요한 세 가지 덕목을 지·인·용, 즉 달덕이라고 불렀습니다.

그러나 이 모든 관계와 덕목 위에 존재해야 하는 단 하나의 본질이 있습니다. 그것이 바로 정성입니다. 정성은 하늘의 도이며, 정성을 실천하려는 것은 사람의 도이기 때문입니다. 정성 없이 말만 앞서고 형식만 갖추는 것은 공자의 눈에는 참된 정치, 참된 경제, 참된 사회, 참된 문화, 참된 개인의 삶이 아니었습니다.

셋째는 수신입니다.

배우기를 좋아하면 지에 가까워져 지혜롭게 됩니다. 힘써 실천하면 인에 가까워져 다른 사람들과 발전할 수 있습니다. 부끄러움을 알면 용에 가까워져 강함을 얻게 됩니다. 이 세 가지 덕을 익히고 반복함으로써 자신을 닦을 수 있고, 자신을 닦을 줄 알면 비로소 사람을 다스릴 수 있으며, 사람을 다스릴 수 있다면 곧 천하를 다스릴 수 있는 경지에 이르게 됩니다. 물론 사람마다 결과에 이르는 길은 조금씩 다릅니다. 그러나 그 길이 달라도 도달한 자리에서 맺는 열매는 같습니다. 행하는 동기나 방법이 다르다고 해도, 성실한 사람은 같은 가치를 실현하게 됩니다.

수신은 2,400년 전이나 지금이나 전혀 다르지 않습니다. 훌륭한 직장인이 되려면, 먼저 신뢰할 수 있는 동료와 상사를 얻어야 합니다. 좋은 동료와 상사를 얻기 위해서는 자신이 먼저 자기 역할과 책임을 다하고 업무를 성실하게 수행해야 합니다. 자신을 훌륭한 직장인으로 성장시키기 위해서는 올바른 직업 윤리와 책임감을 익히는 데서 출발해야 합니다. 올바른 직업 윤리를 익히기 위해서는 무엇보다 먼저 정직하고 투명한 태도로 동료와 회사에 기여할 수 있어야 합니다. 정직한 직장인은 동료들을 배려하고 맡은 일에 최선을 다해 회사와 사회에 긍정적인 영향을 미치는 사람입니다.

훌륭한 가장이 되려면, 먼저 가정을 이끌어 갈 수 있는 가족을 얻어야 합니다. 훌륭한 배우자와 자녀를 얻기 위해서는 자신이 먼저 가정 내에서 모범을 보이고, 책임감을 가지고 가정을 이끌어야 합니다. 자신을 훌륭한 가장으로 성장시키기 위해서는 가족에 대한 사랑과 책임을 익히는 데서 출발해야 합니다. 가족에 대한 사랑을 익히기 위해서는 무엇보다 먼저 가족 구성원들에게 진심으로 관심을 가지고, 그들의 필요와 감정을 존중하며, 함께 시간을 보내고 책임을 나누는 사람이 돼야 합니다. 사랑이 넘치는 가장은 가족을 위해 최선을 다하고, 어려운 상황에서도 가족이 함께 성장할 수 있도록 돕는 사람입니다.

훌륭한 팀장이 되려면, 먼저 신뢰할 수 있는 팀원들을 얻어야 합니다. 좋은 팀원들을 얻기 위해서는 자신이 먼저 팀원들을 이해하고 존중하는 태도로 팀을 이끌어야 합니다. 자신을 훌륭한 팀장으로 성장시키기 위해서는 올바른 리더십을 익히는 데서 출발해야 합니다. 올바른 리더십을 익히기 위해서는 무엇보다 먼저 팀원들을 공정하게 대하고, 각자의 역량을 최대한 발휘할 수 있도록 돕는 사람이 돼야 합니다. 훌륭한 팀장은 팀원들에게 동기를 부여하고, 그들이 함께 성장할 수 있는 환경을 만들어 주는 사람입니다.

넷째는 준비입니다.

모든 일에는 철저한 준비가 필요합니다. 준비가 되어 있으면 일이 어긋나지 않고, 마음가짐이 갖추어져 있으면 행동도 바로 섭니다. 반대로 준비되지 않은 말과 행동은 반드시 실패로 이어지게 마련입니다. 정치도 예외가 아닙니다.

벗에게조차 신임받지 못하는 사람은 윗사람에게 신뢰를 얻을 수 없습니다. 벗에게 신임을 받기 위해서는 부모에게 효도해야 하고, 부모에게 효도하기 위해서는 스스로 성실해야 합니다. 그리고 성실하기 위해서는 선악을 분명히 아는 분별력이 있어야 합니다. 성실함은 인간관계의 중심축이자 리더십의 기반입니다.

다섯째는 성실입니다.

성실은 타고난 성인에게는 본성처럼 자연스럽지만, 일반인은 다음과 같은 과정을 통해 그 덕을 닦아야 합니다. 배우되 능숙해질 때까지 그만두지 않으며, 묻되 알게 될 때까지 그만두지 않으며, 생각하되 깨달을 때까지 그만두지 않으며, 분별하되 명확해질 때까지 그만두지 않으며, 행하되 독실해질 때까지 그만두지 않아야 합니다. 비록 우매하고 나약한 사람이라고 하더라도 정성을 다해 이 다섯 가지를 반복한다면 마침내 총명하고 강건한 사람으로 성장할 수 있습니다.

정치든 기업 경영이든 가정이든, 모든 인간 공동체의 중심에는 '사람'이 있습니다. 그리고 사람을 바르게 세우는 일은 언제나 자기 자신을 바르게 세우는 것에서 출발합니다. 남을 변화시키기 전에 나를 먼저 변화시키고, 세상을 바로잡기 전에 내 마음부터 정돈해야 합니다. 자신을 닦고 정성을 다해 살아가는 삶은 세상을 바꾸는 가장 오래된 지혜이며 가장 현실적인 실천의 모습입니다.

약한 사람을
강하게 만드는 방법

| 반복 |

남이 한 번에 능숙하게 하면 나는 백 번이라도 하고,

남이 열 번에 능숙하게 하면 나는 천 번이라도 해서 능숙해지도록 해야 한다.

만약 이런 방식으로 해 나갈 수만 있다면

아무리 우매한 사람도 반드시 명민하게 되고

아무리 유약한 사람도 반드시 강하게 된다.

人一能之 己百之

人十能之 己千之

果能此道矣 雖愚必明

雖柔必强

인일능지 기백지

인십능지 기천지

과능차도의 수우필명 수유필강

《중용》 제20장

사람은 누구나 큰 뜻을 품고 더 높은 자리를 바라봅니다. 그러나 그 길은 결코 먼 곳에서 시작되지 않습니다. 바로 지금 내게 주어진 작은 자리와 작은 책임에 성실히 임할 때 신뢰가 쌓이고, 그 신뢰가 더 큰 역할로 이어집니다. 윗사람의 눈에 보이는 것은 화려한 말이 아니라 묵묵히 지켜 낸 작은 성실입니다. 작은 신뢰가 차곡차곡 쌓여야만 큰 일을 맡을 수 있습니다.

**아랫자리에 있으면서 윗사람에게 신임을 얻지 못하면
백성을 다스릴 기회조차 얻지 못한다.**

팀원이 팀장에게 신임을 얻지 못하면, 책임을 맡을 기회조차 얻지 못할 것입니다. 팀원 간의 신뢰는 효율적인 협업과 성장에 필수적입니다. 팀장은 신뢰하지 못하는 팀원에게는 중요한 업무를 맡기지 않거나 기대만큼 지원을 하지 않게 됩니다. 신뢰가 형성되지 않으면 팀원은 자기 발전의 기회를 잃고, 팀 또한 목표를 달성하는 데 어려움을 겪게 됩니다.

친구에게 신임을 얻지 못하면, 진정한 우정을 나눌 기회조차 얻지 못할 것입니다. 우정은 서로의 신뢰와 존중을 바탕으로 성립됩니다. 만약 한쪽이 다른 쪽의 신뢰를 얻지 못하면 진지한 대화나 도움을 주고받을 수 없게 되고, 관계는 얕고 피상적인 수준에 머물게 됩니다. 신뢰가 부족한 친구 관계는 성장할 수 없으며, 시간이 지나면서 관계가 서서히 멀어지게 됩니다.

상인이 고객에게 신임을 얻지 못하면, 거래를 성사시킬 기회조차 얻지 못할 것입니다. 고객은 신뢰를 바탕으로 상품이나 서비스를 구매하는데, 만약 신뢰가 없다면 아무리 좋은 제품을 갖췄더라도 고객은 구매하지 않을 것입니다. 고객은 신뢰하지 못하는 상인과는 지속적인 거래를 하지 않게 되고, 상인은 성공적인 비즈니스를 이어 갈 수 없게 됩니다. 신뢰는 상업적인 관계에서 가장 중요한 요소로, 이를 얻지 못한 상인은 시장에서 살아남기 어려울 것입니다.

내가 나에게 신임을 얻지 못하면, 인생의 후반전은 어떤 기회도 얻지 못할 것입니다. 내가 나에게 보내는 신임은 멋진 미래를 위한 필수 요소입니다. 내가 나를 믿지 못한다면 내가 나에게 어떤 일도 맡기지 못할 뿐만 아니라 설사 미래를 계획한다고 해도 스스로 어떤 지원도 하지 않을 것입니다. 자신도 신뢰하지 못하는데 남이 나를 믿어 준다는 것은 어불성설입니다. 미래를 담보할 수 없다는 것은 현재도 담보할 수 없다는 의미가 됩니다.

그렇더라도 방법은 있으니, 바로 반복입니다.

남이 한 번에 능숙하게 하면 나는 백 번이라도 하고,
남이 열 번에 능숙하게 하면 나는 천 번이라도 해서 능숙해지도
록 해야 할 것이다.
만약 이런 방식으로 해 나갈 수만 있다면
아무리 우매한 사람도 반드시 명민해지고
아무리 유약한 사람도 반드시 강해질 것이다.

공자의 이 말씀은 능숙함과 성취가 단기간에 이루어지는 것이 아님을 잘 보여 줍니다. 어떤 일이든 꾸준한 노력과 인내가 필요하며, 그것을 통해 우리는 점차 나아지고 성장할 수 있습니다. 우리가 살아가는 동안 만나는 모든 일이 마찬가지입니다. 공부, 사업, 장사, 승진, 결혼, 인생까지 모두 한 번의 성공이나 실수로 결정되는 것이 아닙니다. 중요한 것은 그 길을 가는 동안의 과정입니다. 처음에는 누구나 부족함을 느끼고, 때로는 좌절하기도 합니다. 남들이 한 번에 해내는 일을 나는 한 번에 해내지 못할지라도 백 번, 천 번을 반복하면 해낼 수 있습니다. 그렇게 하다 보면 어느새 능숙해지고 목표에 도달하게 됩니다.

순자도 《순자》 〈권학편〉에서 이렇게 말했습니다.

천리마도 한 번 뛰어 열 걸음을 갈 수 없고,
노둔한 말도 열 번 뛰면 천리마를 따를 수 있다.

능숙한 사람도 처음부터 완벽한 것은 아니라는 뜻입니다. 그들은 수많은 시도와 실패를 거쳐 그 자리에 온 것입니다. 노둔한 말도 반복하면 천리마를 따라잡듯, 우리도 꾸준히 노력하면 결국 목표를 이룰 수 있습니다.

공부나 사업, 어떤 일이든 마찬가지입니다. 목표를 세우고 매일 조금씩 나아가는 것이 중요합니다. 큰 목표는 한 번에 이루어지지 않으며, 매일 조금씩 쌓여서 이루어집니다. 지속적인 노력과 시간이 필요합니다. 결혼이나 인간관계도 같습니다. 처음 만난 사람과의 관계가 순조롭지 않다고 해서 포기하지 말고, 서로 이해하고 배려하는 마음으로 꾸준히 소통하고 노력하면 관계가 점차 깊어지고 열매가 맺힐 것입니다.

인생 역시 그렇습니다. 원하는 인생을 살아가기 위해서는 한 번 실패했다고 좌절하지 말고, 지속적인 노력과 인내로 나아가야 합니다. 힘든 시기일수록 더 많은 것을 배우고 성장하는 기회가 됩니다. 반복되는 시도 속에서 우리는 단단해지고, 마침내 원하는 목적지에 도달하게 됩니다. 우리가 마주하는 모든 일이 한 번에 이루어지지는 않을 것임을 미리 염두에 둬야 합니다.

제4강

성실한 마음이 만사를 바로 세운다

| 오십의 정성 |

성실은 사람을 바꾸고
사람은 세상을 바꾼다

| 실현 |

오직 천하에 지극한 성실만이 그 본성을 다할 수 있다.

자신의 본성을 모두 실현할 수 있으면 다른 사람의 본성을 모두 실현하게 할 수 있다.

다른 사람의 본성을 실현하게 할 수 있으면 만물의 본성을 실현하게 할 수 있고,

만물의 본성을 실현하게 할 수 있으면 천지 만물의 화육을 도울 수 있다.

천지 만물의 화육을 도울 수 있으면 천지와 함께 참여할 수 있게 된다.

惟天下至誠 爲能盡其性

能盡其性 則能盡人之性

能盡人之性 則能盡物之性

能盡物之性 則可以贊 天地之化育

可以贊天地之化育 則可以與天地參矣

유천하지성 위능진기성

능진기성 즉능진인지성

능진인지성 즉능진물지성

능진물지성 즉가이찬 천지지화육

가이찬천지지화육 즉가이여천지참의

《중용》 제22장

한 사람의 성실함이 세상을 바꿀 수 있을까요? 의과 대학을 졸업하고, 장래가 보장되는 의사의 길을 뒤로한 채 신부가 된 사람이 있습니다. 그는 외과, 내과, 치과, 안과, 심지어 수의학까지 공부했습니다. 이 모든 것이 필요한 곳이 있었기 때문입니다. 그곳은 아프리카 수단 남부의 톤즈였습니다.

세상 끝이라고 불릴 만한 그 마을에는 학교도 없고, 병원도 없고, 약조차 없었습니다. 사람들은 총을 들고 다녔고, 아이들은 굶주린 눈빛으로 거리를 헤맸습니다. 그곳에 이태석 신부는 맨몸으로 들어갔습니다. 의사로, 교사로, 음악가로, 때로는 건축가로, 무엇보다도 '한 사람'으로서 말입니다.

그는 매일 아침 마을을 돌며 집마다 문을 두드렸습니다. '어제보다 오늘을 더 나아지게 하자'는 마음으로 아픈 사람을 돌보고, 굶주린 아이를 먹이고, 아이들에게 바이올린 소리를 들려주며 음악을 가르쳤습니다. 고된 나날이 이어졌고, 그는 점점 야위어 갔습니다. 하지만 마음은 더 밝아졌습니다.

그는 자신의 본성을 다했습니다. '나'라는 존재가 이 세상에 왜 있는지를 분명히 알고, 자신이 할 수 있는 모든 것을 쏟아 냈습니다. 그 성실함은 곧 아이들의 마음을 움직였습니다. 마을 사람들이 서로를 돌아보기 시작했고, 아이들은 꿈을 꾸게 됐습니다. 총 대신 바이올린을 들고, 절망 대신 미래를 말하게 됐습니다.

그가 세상을 떠났을 때, 톤즈 마을 사람들은 말했습니다.

"우리는 천사를 잃었습니다."

그의 삶은 영화와 책으로 소개됐고, 로마 교황청을 통해 그의 이야기가 전 세계로 퍼져 수많은 사람에게 깊은 울림을 주었습니다. 그가 말없이 보여 준 삶의 방식은 우리를 돌아보게 합니다.

지극한 성실함은 그렇게 시작됩니다. 먼저 나를 바꾸면 그 변화가 곁의 사람을 바꾸고 작은 마을을 변화시켜 마침내 한 나라를, 나아가 세상을 움직이는 힘이 됩니다.

《중용》 제22장은 말합니다.

오직 천하에 지극한 성실만이 그 본성을 다할 수 있다.
자신의 본성을 모두 실현할 수 있으면 다른 사람의 본성을 모두 실현하게 할 수 있다.

이태석 신부가 바로 그런 사람이었습니다. '나'라는 한 존재를 온전히 살아 낸 사람. 그 길의 끝에서 그는 세상과 조화를 이뤘고, 마침내 천지와 함께 숨 쉬었습니다. 세상의 수많은 사람이 그를 기억하며 따르고 그가 꿈꾼 세상을 함께 꿈꾸고 있습니다.

우리는 종종 자신을 작고 보잘것없다고 여깁니다. 그러나 '나'라는 하나의 존재가 진심으로 자신의 삶을 다하면 그 진심이 다른 사람의 마음을 밝히고, 그 마음이 또 다른 생명에게 영향을 주고 그 영향이 마침내 세상 모든 사람에게 닿게 됩니다.

지극한 정성과 지극한 성실은 개인의 덕목에 그치지 않습니다. 그것은 세상을 움직이는 조용하지만 강한 힘입니다. 먼저 나를 바꾸고, 가족을 바꾸고, 마을을 바꾸고, 나라를 바꾸고 결국 세상을 바꿉니다. 그 길의 끝에서 우리는 천지와 하나 되는 순간을 맞이하게 됩니다.

 어떤 사람이라야 하늘 아래 가장 지극한 성실함을 지닌 사람이라고 할 수 있을까요? 자기 삶에 어떤 거짓도 없이 마음 깊은 곳에서부터 정성과 성실이 샘처럼 흘러나오는 사람입니다. 그는 맡은 일을 그저 성실히 수행하는 데 그치지 않습니다. 존재 자체가 정직하고, 꾸밈이 없으며, 마음이 늘 바르고 맑습니다.
 현실적으로는 불가능한, 이상적 존재의 모습이라고 여길지도 모릅니다. 하지만 코로나 팬데믹 시기를 되돌아보면 그와 가까운 모습을 보여 준 사람들이 떠오를 것입니다. 의료진과 간호사들입니다. 그들은 모두가 두려워하던 방역과 치료의 최전선으로 먼저 달려갔습니다. 가족에 대한 걱정과 가족들이 보내는 우려를 뒤로하고, 한밤중에도 방호복을 입고 환자 곁을 지켰습니다. 온종일 땀에 젖은 채 숨이 턱턱 막히는 마스크를 쓰고도, 힘겹게 누워 있는 환자의 손을 잡아 주었습니다. 그들의 위로에 환자들은 눈물을 흘렸고, 삶의 의지를 다시 붙들곤 했습니다.
 그들의 성실함은 단순한 직무를 넘어섰습니다. 감염 위험을 무릅쓰고, 때로는 차가운 시선과 피로에 짓눌리면서도 무너지지 않았던 의료진의 눈빛과 간호사들의 따뜻한 손길 속에서 우리는 천하지성(天下至誠)의 한 조각을 찾아낼 수 있습니다.

이것이 바로 천하지성의 모습입니다. 신화 속의 완전무결한 성현이 아니라 자신의 본성을 다하여 지극한 정성과 성실을 실천함으로써 다른 사람의 본성을 살려 낸 이들이 보여 준 모습입니다. 환자들을 살리고, 병원을 지켜 내며, 지역 사회를 살리고, 마침내는 나라를 지탱했습니다. 작은 정성이 모여 마침내 천지 만물의 화육을 돕는 길과 맞닿은 것입니다.

50세+20년=70세

사람은 누구나 실패를 두려워합니다. 50대에 들어서면 더 그렇습니다. 이때의 실패는 치명타처럼 보여 다시 시작할 엄두조차 내지 못하게 합니다. 그런데 낯선 이국땅에서 무너졌다가 다시 일어난 사람이 있습니다. 베트남 K-마켓의 고상구 회장입니다.

그는 40대 초반, 친구의 권유로 하노이에 백화점을 열었지만 6개월을 못 넘기고 문을 닫아야 했습니다. 웬만한 사람이라면 짐을 싸서 귀국했겠지만 그는 포기하지 않았습니다. 그의 손에 쥔 것은 자본도, 화려한 경력도 아니었습니다. 오직 정성과 성실뿐이었습니다.

그는 다시 인삼으로 작은 사업을 시작했습니다. 고객을 만날 때마다 간절한 마음으로 진심을 다했습니다. 차츰 사람들이 그의 성실함을 알아보면서 '인삼왕'이라는 별명까지 붙여 주었습니다. 그 신뢰가 길을 열어 주었습니다. 20여 년 만에 베트남 전역에 140개가 넘는 대형 매장을 열었고, 그는 수천 가지의 식재료를 파는 직원 2,000명 규모의 K-마켓 회장이 됐습니다.

성실이 만물을 이룬다는 사실을 고 회장은 삶으로 직접 보여 주었습니다. 그는 실패 앞에서도 정성을 놓지 않았고, 그런 작은 성실이 모여 큰 신뢰를 만들었습니다. 그리고 그 신뢰가 새로운 세상을 열었습니다. 이것이 바로 성실의 힘입니다.

오십에 20년을 더해도 칠십밖에 안 됩니다. 서른 살 때부터 20년을 어떻게 살아왔는지를 생각해 보면 20년이 결코 짧은 시간이 아님을 알 수 있을 겁니다. 지금 오십에 퇴직을 걱정하든 미래를 걱정하든 또 다른 무엇을 걱정하든, 앞으로 건강하게 보낼 20년이 기다린다는 사실을 생각하면 오십의 미래에도 희망이 있습니다. 오십은 무엇인가를 시작하기에 매우 적당한 시기입니다. 단 한 가지, 성실을 약속할 수 있다면 분명히 그렇습니다. 성실에는 특별한 재능이 필요하지 않습니다. 단순하지만 강력한 힘입니다. 그 단순함 속에 인생을 바꾸는 위대한 힘이 숨어 있습니다.

지극한 성실만이 그 본성을 다할 수 있다.

자신의 본성을 모두 실현할 수 있으면, 다른 사람의 본성을 모두 실현하게 할 수 있다.

다른 사람의 본성을 실현하게 할 수 있으면, 만물의 본성을 실현하게 할 수 있다.

이 문장은 우리는 성공할 수밖에 없는 성실을 가지고 이 땅에 태어났다는 의미입니다. 꾸준한 성실만이 성공을 보장합니다. 내가 성공한 후에는 다른 사람을 도와 그의 성공도 실현할 수 있습니다. 이렇게 성공의 연쇄 작용이 일어나면 세상은 평화롭고 살기 좋은 곳이 됩니다. 그것이 세상의 법칙입니다.

하늘과 같은 마음을 품어야
삶을 다시 일으킨다

| 성실 |

성실은 하늘의 도이며, 성실하려고 하는 것은 사람의 도다.

성실한 사람은 노력하지 않아도 도에 맞고,

생각하지 않아도 도를 알아 자연히 도에 부합되니, 이가 성인이다.

誠者天之道也 誠之者人之道也

誠者 不勉而中 不思而得 從容 中道 聖人也

성자천지도야 성지자인지도야

성자 불면이중 불사이득 종용 중도 성인야

《중용》 제20장

하늘과 자연을 바라보는 사람들의 생각은 참 다양합니다. 어떤 이는 세상이 어느 날 갑자기 신의 손으로 창조됐다고 믿습니다. 어떤 이는 아주 오랜 기간에 걸쳐 서서히 진화하며 지금의 모습이 됐다고 설명합니다. 또 어떤 이는 자연은 그저 자연일 뿐 특별한 의미를 부여할 필요가 없다고 말하기도 합니다.

과학적 논리를 믿는 이도 있고, 종교적 교리를 통해 세상을 이해하는 이도 있으며, 각자의 경험과 생각에 따라 믿는 이들도 있습니다. 이처럼 자연과 세상에 대한 정의는 하나의 정답으로 묶이지 않습니다. 서로 다른 믿음이 있다는 사실을 인정하고, 그 속에서 각자가 바라보는 세상의 의미를 성실하게 지켜 나가면 됩니다.

2,500년 전 공자는 하늘의 도를 '성실'로 정의했습니다. 하늘은 정말 성실할까요? 아니면 성실하다고 보고 싶은 것일까요? 하늘과 자연이 그렇게 오랫동안 변함없이 이어지는 이유가 그들이 성실해서라고 믿고 싶은 것일까요?

성실은 하늘의 도다.

하늘의 도가 '성실'이라는 말은 처음 들으면 다소 추상적으로 느껴집니다. 하지만 곰곰이 생각해 보면 의미가 한층 분명해집니다. 하늘과 자연은 결코 변덕스럽지 않습니다. 낮과 밤은 어김없이 교차하고, 계절은 한 치의 어긋남 없이 돌아옵니다. 해가 뜨고 지며 꽃이 피고 지는 이 모든 흐름에는 놀라울 만큼의 일관성이 있습니다. 그 일관성의 다른 이름이 바로 '성실'이 아닐까 합니다.

공자는 자연의 이런 성실함을 하늘의 길, 곧 '도'라고 불렀습니다. 성실함이 없다면 하늘은 이토록 오랜 세월 변치 않고 운행될 수 없었을 것입니다. 작은 흔들림에도 무너지고 마는 인간의 일상과 달리, 하늘과 자연이 우리에게 주는 신뢰는 바로 그 성실함에서 비롯한다고 할 수 있습니다.

사람에 대한 공자의 특별한 정의

공자는 사람을 참으로 특별한 존재로 봤습니다. 하늘의 길이 성실함에 있듯이, 사람 또한 그 하늘을 닮아 성실해지려는 노력을 멈추지 않는 존재라고 정의한 것입니다. 성실은 단순한 덕목을 넘어 삶을 이어 가는 힘이자 세상을 지탱하는 가장 근본적인 질서라고 할 수 있습니다. 하늘이 성실하듯 우리 또한 성실해야 오래도록 빛날 수 있습니다.

성실하려고 하는 것은 사람의 도다.

성실해지려는 것이 사람의 길이라는 공자의 이 말은 여러 의미로 해석됩니다. 인간은 태어날 때 성실을 본성으로 받았지만, 살아가는 동안 쉽게 나태해지고 욕심에 흔들리며 작은 유혹에도 마음을 잃어버리곤 합니다. 그래서 공자는 성실을 단순한 선택이 아닌, 마땅히 걸어가야 할 길이라고 정의했습니다.

자사 역시 성실을 거듭 강조합니다. 성실은 하늘로부터 받은 인간의 본성이자 도와 합일되는 길이며, 끊임없는 노력으로만 도달할 수 있는 경지라고 했습니다. 그는 인간을 단순한 존재가 아니라 성장하고 변화하며 끝없이 발전할 가능성을 지닌 존재로 봤습니다. 하늘과 땅, 해와 달, 별과 은하수가 각자의 자리를 지키며 조화를 이루듯, 사람 또한 자기 자리를 찾아 서로에게 유익을 나누는 것이 자연의 이치라고 믿었습니다. 인간이 서로에게 선한 영향을 끼치며 더불어 살아가는 것은 억지가 아니라 가장 자연스러운 삶의 모습이라고 강조했습니다.

하늘의 도가 성실이라면, 사람의 도는 그 성실을 배우고 닮아 가는 것입니다. 성실은 인간이 평생 품고 가야 할 태도이며, 우리 삶을 단단히 지탱해 주는 빛나는 힘입니다.

그런데 왜 우리는 지레 포기할까

자신을 부족한 존재라고 여기는 사람이 드물지 않습니다. 학생들은 시험을 앞두고 '열심히 한다고 성적이 오르겠어?'라며 지레 포기해 버리기도 하고, 직장인들은 프로젝트가 뜻대로 되지 않으면 '왜 난 이 정도밖에 안 될까'라고 자책하곤 합니다. 도전을 멈추고 중도에 포기하는 이유 가운데 많은 부분이 이런 자기 비하와 무능력하다는 자기 평가입니다. 스스로 마음의 문을 닫고 다른 가능성을 모색하려고도 하지 않습니다.

마틴 셀리그만의 《긍정심리학》 프롤로그에 소개된 '종신 수녀 연구'는 《중용》의 메시지를 새삼 떠올리게 합니다. 한 연구팀이 종신서원을 앞둔 젊은 수녀들에게 짧은 자기소개 에세이를 요청했습니다. 어떤 수녀는 에세이에 감사와 희망과 기쁨을 풍부하게 담았고, 어떤 수녀는 담담하고 건조하게 글을 채웠습니다.

수십 년이 흐른 뒤 연구진은 긍정적인 언어를 풍성하게 사용한 수녀들이 평균 10년 이상 더 오래 살았다는 놀라운 사실을 발견했습니다. 같은 공간에서 같은 음식을 먹고 같은 일과를 보낸 공동체 안에서 오직 마음의 태도가 수명을 좌우한 것입니다.

《중용》의 시선으로 본다면 이는 크게 놀라운 일이 아닙니다. 수녀들의 긍정적인 글은 단순한 글쓰기가 아니라 어쩌면 태어날 때부터 지니고 나온 성실하게 살아가려는 자연스러운 힘이었을

지 모릅니다. 셀리그만은 이런 긍정 정서가 단순한 기분을 넘어 실제로 삶의 길이와 질을 바꿀 수 있음을 보여 주었습니다.

많은 사람이 시험에 실패하거나 관계에서 상처받거나 직장에서 좌절할 때 자기 자신을 '부족한 사람'이라고 단정해 버리지만, 《중용》이 말하는 것처럼 우리는 태어날 때부터 하늘의 성품을 품고 있습니다. 성실과 정성은 특별한 사람에게만 주어진 덕목이 아니라 누구나 이미 가지고 있는 역량입니다. 단지 그것을 잊고 있을 뿐이죠.

조금만 시선을 바꿔 자신 안의 성실함을 믿고 정성을 다해 삶을 대하며 세상을 긍정적으로 바라본다면, 문제가 당장 해결되지 않을지라도 마음이 바뀌고 몸이 변하고 관계가 달라지며 삶이 달라질 것입니다. 작은 감사의 습관, 작은 희망의 언어, 작은 기쁨의 기록이 모여 결국은 삶 전체를 바꿔 냅니다. 셀리그만이 강조한 것처럼, 긍정 정서를 생활 속에서 꾸준히 실천하는 것만으로도 삶의 질이 달라질 수 있습니다.

인간은 본래 부족한 존재가 아니라 성실함을 타고난 존재입니다. 그것을 자각하고 꺼내 쓰는 순간, 삶은 달라집니다. 포기의 변명에서 벗어나 꾸준히 걸어갈 힘을 얻게 됩니다. 삶이 힘겹다고 느껴질 때마다 자신이 하늘의 성품을 품은 존재임을 떠올리는 것, 그것이 《중용》이 주는 가장 따뜻한 위로이자 강력한 격려

일 것입니다. 성실과 정성, 긍정과 감사는 외부에서 빌려오는 것이 아니라 내 안에서 흘러나오는 가장 자연스러운 힘입니다. 그 힘을 자각하면 우리는 다시 일어설 수 있습니다. 오십도, 삼십도, 칠십도 마찬가지입니다.

성실은 의지가 아니라 습관이다

| 실천 |

성실하게 하려는 자는 선을 택하여 굳게 지키며

널리 배우고, 자세히 묻고, 신중히 생각하고, 명확하게 분별하고, 독실히 행해야 한다.

배우지 않으면 몰라도 배울 바에는 능숙해지지 않고는 그만두지 않으며,

묻지 않으면 몰라도 물을 바에는 알지 않고는 그만두지 않으며,

생각하지 않으면 몰라도 생각할 바에는 깨닫지 않고는 그만두지 않으며,

분별하지 않으면 몰라도 분별할 바에는 명확하지 않고는 그만두

지 않으며,

행하지 않으면 몰라도 행할 바에는 독실해지지 않고는 그만두지 않아야 한다.

誠之者 擇善而固執之者也

博學之 審問之 愼思之 明辨之 篤行之

有弗學 學之 弗能 弗措也

有弗問 問之 弗知 弗措也

有弗思 思之 弗得 弗措也

有弗辨 辨之 弗明 弗措也

有弗行 行之 弗篤 弗措也

성지자 택선이고집지자야

박학지 심문지 신사지 명변지 독행지

유불학 학지 불능 불조야

유불문 문지 불지 불조야

유불사 사지 불득 불조야

유불변 변지 불명 불조야

유불행 행지 불독 불조야

《중용》제20장

살다 보면 마음으로는 좋다는 것을 알면서도 몸이 따라가지 못할 때가 있습니다. 성실하게 살아야 한다는 말을 머리로는 이해하지만, 막상 일상에서 실천하려 하면 금세 지치고 흔들리곤 하죠. 바쁘고 급한 일에 쫓기다 보면 마음이 조급해져 작은 결심조차 쉽게 무너집니다.

어쩌면 성실은 의지의 문제가 아니라 삶을 바라보는 태도와 습관의 문제일지 모릅니다. 거창한 목표를 한 번에 이루려 하기보다 오늘 하루를 조금 더 정성스럽게 살아 내는 작은 실천이 중요하죠. 성실은 특별한 무언가가 아니라 내가 지금 하는 일을 조금 더 책임 있게, 조금 더 진심을 담아 이어 가는 일상적인 힘입니다. 성실은 먼 곳에서 오는 것이 아니라 바로 오늘 내 곁에서 작은 선택 하나로 시작되는 일입니다.

오십이 넘어가면 우리의 삶은 삼십, 사십 때와는 분명 다른 무게를 지닙니다. 몸은 예전 같지 않고, 관계는 복잡해지며, 마음은 때로 지칩니다. 지금까지도 성실하게 살았지만 더 열심히 살아야 한다는 책임감이 들기도 하고, 이젠 좀 내려놓고 싶다는 마음이 들기도 합니다.

성실해지려고 노력하는 사람은
좋은 것을 선택해 굳게 지켜 가는 자다.

오십이 넘으면 작은 생활 습관 하나가 건강을 좌우하기도 합니다. 늦은 밤 술자리를 줄이고, 아침에 20분이라도 걷자는 결심이 바로 선(善)을 택하는 일입니다. 그리고 그 결심을 매일 지켜 내는 것이 곧 성실입니다. 몸은 거짓말하지 않으니, 성실이 미래 자신의 건강을 지켜 줍니다.

오십이 넘으면 부모는 늙어 가며, 배우자와의 관계도 새로운 국면을 맞습니다. 바쁘다는 이유로 대화 한마디, 안부 전화 하나를 놓치기 쉽습니다. 하루에 단 5분이라도 가족에게 따뜻한 말을 건네겠다는 작은 결심이 선을 붙잡는 일입니다. 성실은 바로 그 작은 약속을 지켜 내는 데서 빛이 납니다. 그것이 쌓이면, 가족의 신뢰와 사랑이라는 큰 결실로 돌아옵니다.

오십이 넘어 인생 후반전으로 들어가면 자기 안을 더 깊이 들여다보게 됩니다. 책을 읽거나 새로운 배움을 이어 가는 선택은 분명 선한 길입니다. 하지만 바쁘고 피곤하다는 이유로 멈춰 버리기 쉽죠. 매일 단 10분이라도 공부하거나 기록하는 것, 그것을 흔들림 없이 이어 가는 태도가 바로 성실입니다. 그 성실이 쌓이면, 후반의 인생은 분명 훨씬 더 단단해지고 빛을 발할 것입니다.

성실해지려는 사람을 위한 공자의 제언

공자는《중용》제20장에서 다섯 가지를 들어 구체적으로 제안합니다. 쉬운 일은 아니지만 누구에게나 필요한 자세라고 생각합니다.

**널리 배우고, 자세히 묻고, 신중히 생각하고,
명확하게 분별하고, 독실히 행해야 한다.**

20대에 이를 알고 실천한다면 더없이 고맙고 좋은 일입니다. 30대에 이를 알고 실천하는 것은 매우 적절하다고 할 것입니다. 널리 배우고, 자세히 묻고, 신중히 생각하고, 명확하게 분별하고, 독실히 실천할 수 있는 최적의 환경이나 시기가 30대에 속하니 더욱 그렇습니다. 40대에 이를 알고 실천하는 것도 결코 늦은 일이 아닙니다. 지난 30대의 경험을 통해 절실함의 강도가 더 세졌을 테니 말입니다.

50대에 이를 알고 실천하는 것도 절대 늦은 일이 아닙니다. 이제는 더 이상 물러설 공간이 없다는 절박함을 인생 전반전을 통해 체감했을 것이기에 그렇습니다. 60대에 이를 알고 실천한다면 분명 새로운 세상이 보일 것입니다. 지금까지는 먹고사는 일에 정신이 없어 보고 싶었던 책을 보기도 어려웠고 즐기고 싶었던 다양한 놀거리에 다가서지 못했지만, 이제는 널리 배우고 궁금하면 자세히 물어볼 수 있을 만큼 여유가 있기 때문입니다. 그중에 하고 싶은 일이 있을 때 신중히 생각하고 결정하여 독실하게 실천할 수 있다면 60대의 10년은 지금까지 살아온 어떤 10년보다 의미 있고 행복한 시간이 될 것입니다.

우리가 태생적으로 가지고 있는 '성실'이라는 핵심 자산을 인생에 적극 활용하고 싶다면 먼저 널리 배워야 합니다. 깊이 물어야 합니다. 자신이 알지 못하는 것에 관해서는 자세히 물을 줄 알아야 합니다. 신중하게 생각해야 합니다. 여러 가지 일을 명확하게 분별하는 능력을 키워야 합니다. 올바르게 행동해야 합니다. 2,500년 전 공자는 그것이 성실해지려고 노력하는 사람들의 바른 행동거지라고 이야기했습니다.

될 때까지 포기하지 마라

《중용》제20장은 이렇게 당부합니다.

배우지 않으면 몰라도 배울 바에는 능숙해지지 않고는 그만두지 않으며,
묻지 않으면 몰라도 물을 바에는 알지 않고는 그만두지 않으며,

생각하지 않으면 몰라도 생각할 바에는 깨닫지 않고는 그만두지 않으며,

분별하지 않으면 몰라도 분별할 바에는 명확하지 않고는 그만두지 않으며,

행하지 않으면 몰라도 행할 바에는 독실해지지 않고는 그만두지 않아야 한다.

배우지 않으면 알지 못합니다. 배우기로 결심했다면, 그 길을 중단하지 말아야 합니다. 배움은 단순히 지식을 얻는 것이 아니라 능숙하게 습득하고 완성해 가는 과정입니다. 배우지 않으면 그저 모를 뿐, 배우기로 했다면 끝까지 가야 합니다.

마찬가지로, 묻지 않으면 알 수 없고 고립될 수 있습니다. 묻기로 결심했다면, 그저 정보를 얻는 데 그치지 않고 그것을 이해하고 적용하는 과정에 힘써야 합니다. 묻고 아는 데서 끝이 아니라 실천을 통해 진정한 깨달음을 추구해야 합니다.

생각하지 않으면 알지 못할뿐더러 길을 잃을 수 있습니다. 단순히 생각하는 것에 그치지 않고, 생각이 나를 변화시키게 해야 합니다. 사고의 깊이는 삶의 질을 결정짓습니다. 깊이 생각하려면 끊임없이 탐구해야 합니다.

분별하지 않으면 알 수 없습니다. 분별력은 선택을 이끌며, 삶의 방향을 결정짓습니다. 무엇이 옳고 그른지를 알려면 신중히 점검하고 명확히 분별해야 합니다.

아무리 많이 알아도 행하지 않으면 변화는 없습니다. 행동은 단순한 실행을 넘어 신념을 담아내는 중요한 과정입니다. 생각과 이론만으로는 부족하고, 반드시 실천을 통해 그 가치를 삶으로 구현해야 합니다.

이 모든 것이 성실하게 사는 사람의 태도입니다. 공자가 애공에게 당부했던 것처럼, 성실함은 단지 열심히 하는 것이 아니라 배우고, 묻고, 생각하고, 분별하고, 실천하는 모든 과정에서 꾸준함과 깊이를 추구하는 것입니다. 성실한 사람은 중단하지 않고 끝까지 그 길을 걸어가며 성장합니다.

공자와 자사의 말을 그대로 믿는다면 우리는 천시사원의 성실함을 본받아 태어났습니다. 우리는 태생적으로 성실함을 지닌 존재이며, 그 성실함을 받아들여 수양하고 실천하는 사람들입니다. 자연의 순리에 따라 성실하게 살아가며, 그로써 자신과 주변을 변화시키고, 마침내 세상에 긍정적인 영향을 미치는 존재인 것입니다.

성실할수록 바로 서고
나태할수록 무너진다

| 이치 |

성실함으로부터 밝아짐을 본성이라고 하고,

밝음으로 말미암아 성실하게 됨을 교라고 한다.

성실하면 밝고, 밝으면 성실해진다.

自誠明謂之性 自明誠謂之敎 誠則明矣 明則誠矣

자성명위지성 자명성위지교 성즉명의 명즉성의

《중용》 제21장

성실하지 못하더라도 처음에는 큰 문제가 없어 보일 수 있습니다. 하지만 그것은 얇은 얼음 위를 걷는 것과 같습니다. 시간이 흐르면서 작은 금이 조금씩 퍼져 나가 결국 큰 틈이 되고, 삶 전체를 위태롭게 합니다.

특히 인생의 한가운데에 선 오십에는 그 여파가 더 큽니다. 직장에서 오랜 세월 쌓아 온 신뢰가 무너지고, '끝까지 책임지지 않는다'는 낙인이 남을 수 있습니다. 그러면 경력은 화려해 보여도 인정받지 못한 채 외로운 중년으로 서 있는 자신을 발견하게 됩니다. 가정에서도 말의 무게가 사라지고, 가족의 중심이 흔들리며, 삶의 의미가 조금씩 갉아먹히게 됩니다.

한때는 가족과 일을 위해 누구보다 성실하게 달려왔지만, 어느 순간 '이 정도면 됐지' 하며 대충 흘려보내는 습관이 자리 잡습니다. 그 습관은 자신을 점차 지치게 하고, 남은 인생을 어떻게 채워야 할지 막막한 마음이 들게 합니다. 결국 '나는 지금 무엇을 하고 있는가?'라는 공허한 질문을 마주하게 됩니다. 성실하지 못한 삶은 눈에 띄지 않게 서서히, 그러나 분명하게 사람을 무너뜨립니다. 성실은 단순한 근면이 아니라 삶을 지탱하는 뿌리와 같습니다. 뿌리가 약해지면 줄기도 흔들리게 마련입니다.

자사가 말한 성이 바로 이런 문제의 해답입니다. 성은 단순히 성실을 뜻하는 것이 아니라 마음 깊은 정성과 언행의 진실함을 가리킵니다. 천지가 수천 년 동안 흐트러짐 없이 운행되는 이유가 바로 성에 있듯, 자사는 인간의 도리 또한 성에서 비롯된다고 봤습니다. 성은 억지로 꾸미는 것이 아니라 우리 안에 이미 깃든 참됨을 지켜 내는 힘입니다.

마음을 정성으로 가꾸고 매일의 행동을 성실하게 이어 갈 때, 우리는 자신을 완성할 수 있습니다. 그렇게 살아갈 때, 개인의 삶을 넘어 더 넓은 세상까지 감화시키는 존재가 됩니다. 이것이 자사가 전하고자 했던 성의 철학이며, 우리가 성실을 잃지 말아야 하는 이유입니다.

하늘은 언제나 제자리에서 삼라만상 수많은 것을 생육합니다. 하늘은 악한 존재가 아니라 선한 존재로 인정해 줄 만하기에 하늘의 속성 또한 선하다고 할 수 있죠. 우리 인간도 자연의 일부로 하늘의 선함과 성실함을 타고났기에 성실하게 살면 밝아지는 것이 너무나 당연한 결과입니다. 성실하면 성실할수록 더 밝아지고, 더 문명을 이루고, 더 문화인이 되는 것이 인간의 본성이라는 의미입니다. 성선설의 시작이라고 할 수 있습니다.

성실함으로부터 밝아짐을 본성이라고 한다.

모든 사람이 처음부터 성실하거나 현명한 것은 아닙니다. 어떤 사람은 타고난 기질이나 성장 환경 또는 순간의 선택과 의지에 따라 성실하지 못하거나 지혜롭지 못한 모습을 보이기도 합니다. 하지만 그렇다고 해서 그 사람이 변화할 수 없는 것은 아닙니다.

밝음으로 말미암아 성실하게 됨을 교라고 한다.

자사는 밝음, 즉 깨우친 앎을 통해 성실한 삶으로 나아가는 과정을 가르침, 곧 교육이라고 봤습니다. 이는 인간에게는 누구나 배움을 통해 변화하고 성장할 가능성이 있다는 믿음에서 출발합니다. 성실한 사람이 자신의 성실함으로, 현명한 사람이 자신의 지혜로 주변 사람을 이끌어 주면 성실하거나 현명하지 못한 이들도 그 영향을 받아 점차 스스로 밝아지고 성실해질 수 있다는 얘기입니다.

이런 교육은 학교나 교과서에만 국한되지 않습니다. 때로는 부모가 스승이 되고 형이나 누나, 친구나 선배가 길잡이가 되기도 합니다. 책 한 권, 스승의 말 한마디, 건전한 미디어나 SNS의 영향도 교육이 될 수 있습니다. 결국 중요한 것은 우리가 서로 영향을 주고받으며 함께 더 나은 방향으로 나아갈 수 있다는 믿음입니다. 자사는 그것을 '교(敎)'라는 한 글자로 압축해 보여 주었습니다.

성실하면 밝고, 밝으면 성실해진다.

성실하면 밝아지고, 밝아지면 성실해집니다. 학업에서든 업무에서든, 무언가를 이루려 할 때 우리는 먼저 성실해야 합니다. 꾸준히 정성을 기울이다 보면, 처음에는 잘 보이지 않던 길이 서서히 드러납니다. 안갯속을 헤매듯 막막하기만 하더라도 끝내 걸음을 멈추지 않으면 길의 윤곽이 눈앞에 선명해집니다. 그것이 성실에서 비롯된 밝음입니다.

또한 세상의 이치를 깨달으면 마음은 다시 성실해집니다. 이해가 깊어질수록 허투루 할 수 없다는 자각이 생기고, 행동은 더욱 진실해집니다. 깨달음은 우리를 나태로 이끄는 것이 아니라 성실로 되돌려 보냅니다.

이처럼 성실과 깨달음은 서로를 키워 주며 이어집니다. 매일의 작은 성실이 큰 깨달음을 낳고, 그 깨달음이 다시 우리를 더욱 성실하게 합니다. 삶은 이 순환을 통해 조금씩 단단해지고 빛을 얻습니다. 성실과 밝음, 이 두 단어는 따로 떨어진 것이 아니라 서로를 비추는 거울과 같습니다. 삶을 움직이는 단순하면서도 강력한 원리라고 할 수 있습니다.

성실하면
미래가 보인다

| 예지 |

정성의 도가 지극하면 닥쳐올 일을 미리 알 수 있다.

국가가 장차 흥하려 하면 반드시 상서로운 조짐이 있고,

국가가 장차 망하려 하면 반드시 요망한 재앙의 조짐이 나타난다.

그런 조짐은 시초점이나 거북점으로 나타나고, 사지의 움직임으로도 드러난다.

그리하여 화나 복이 장차 오려고 할 때 좋은 것도 반드시 먼저 알고, 좋지 못한 것도 반드시 먼저 알게 되는 것이다.

그러므로 지극히 성실하고 정성스러운 사람은 마치 신처럼 보이는 것이다.

至誠之道 可以前知 國家將興 必有禎祥 國家將亡 必有妖孼
見乎蓍龜 動乎四體 禍福將至 善必先知之 不善必先知之
故至誠如神

지성지도 가이전지 국가장흥 필유정상 국가장망 필유요얼
견호시귀 동호사체 화복장지 선필선지지 불선필선지지
고지성여신

《중용》 제24장

'빠숑'이라는 필명으로 활동하는 부동산 전문가가 있습니다. 그는 어느 날 갑자기 주목받은 인물이 아닙니다. 오랜 시간 한국갤럽조사연구소 부동산조사본부에서 근무하며, 전국 곳곳의 개발 계획과 토지 이용 현황을 조사했습니다. 지적도와 토지 이용 계획서를 손에 들고 수없이 현장을 답사했고 지역의 인구 구조와 교통 계획, 행정의 움직임을 데이터로 기록하고 분석해 왔습니다.

사람들이 그에게 묻습니다.

"어떻게 이렇게 부동산의 미래를 정확히 알 수 있나요?"

그의 대답은 의외로 간단했습니다.

"그저 꾸준히 관찰했을 뿐입니다. 흐름을 오래 보다 보니 다음이 그려졌을 뿐이에요."

그는 알고 있습니다. 성실과 정성으로 쌓인 시간은 결국 데이터가 되고, 데이터는 진실을 말해 준다는 것을 말입니다.

버핏은 주식으로 큰돈을 벌었지만, 단 한 번도 '한 방'을 노리지 않았다고 합니다. 그는 말합니다.

"내가 하는 일은 오랜 시간 동안 기업을 관찰하고, 그 회사가 진짜 어떤 가치를 지녔는지 성실하게 연구하는 것입니다."

버핏은 회사를 하나 살펴볼 때 경영자의 철학, 직원들의 태도, 제품의 변화, 고객의 반응까지 깊이 들여다봅니다. 그리고 그 안에 숨은 진짜 흐름을 찾아냅니다. 그가 예측에 능한 것은 특별한 재능을 갖춰서가 아니라 변하지 않는 철학과 일관된 성실 덕분입니다. 그는 단기적인 이익에 흔들리지 않고, 끝없이 질문하고 관찰하며, 매일 해가 뜨고 지는 것을 지켜보듯 경세와 시장의 흐름을 읽습니다. 그의 투자 방식이 바로 '성'의 실천이 아닐까 합니다.

보이지 않는 흐름을 읽을 수 있는 눈

놀랍게도 이런 성실의 미학은 미래를 예측하게도 합니다. '미래를 안다'는 것은 흔히 점쟁이나 예언자의 몫으로 여겨지지만, 자사는 말합니다. 성실과 정성을 다해 살아가는 사람은 마치 달이 차올랐다가 이지러지거나 해가 길어졌다가 짧아지는 주기처럼, 세상의 흐름을 읽고 그 안에서 미래를 가늠할 수 있게 된다고 말입니다.

정성의 도가 지극하면 닥쳐올 일을 미리 알 수 있다.
국가가 장차 흥하려 하면 반드시 상서로운 조짐이 있고,
국가가 장차 망하려 하면 반드시 요망한 재앙의 조짐이 나타난다.
그리하여 화나 복이 장차 오려고 할 때 좋은 것도 반드시 먼저 알고,
좋지 못한 것도 반드시 먼저 알게 되는 것이다.
그러므로 지극히 성실하고 정성스러운 사람은 마치 신처럼 보이는 것이다.

정말 성실하고 정성스러운 사람은 마치 앞날을 내다보는 듯한 눈을 가집니다. 닥쳐올 일을 정확히 점칠 수는 없지만, 작은 기운의 흐름을 누구보다 먼저 감지합니다. 국가가 흥하려 할 때는 사

람들의 얼굴빛이 밝아지고 말과 행동에 희망이 담깁니다. 반대로 나라가 무너지려 할 때는 곳곳에서 불안한 기운이 새어 나오고 사람들의 마음속에서 의심과 불만이 끓어오릅니다. 큰 사건이 일어나기 전에 작은 징조가 나타나는 것입니다.

이것은 옛사람들이 말한 점술이나 거북의 등딱지를 태워 점괘를 얻는 신비한 방식이 아니라 세상을 바라보는 깊은 눈과 성실한 마음이 만들어 내는 감각입니다. 화가 다가오려 할 때, 성실한 사람은 그 어두운 기운을 먼저 알아차립니다. 복이 오려 할 때 역시 그 따뜻한 조짐을 먼저 감지합니다. 그래서 지극히 성실한 사람은 마치 예지력을 가진 것처럼 보입니다. 그러나 사실 그 능력은 초자연적인 것이 아닙니다. 매일을 거짓 없이 살며 정성과 성실로 자신과 세상을 대하기 때문에 눈에 잘 보이지 않는 작은 흐름조차 자연스레 읽어 내는 것입니다.

일상의 언어로 말하자면 이렇습니다. 진심으로 살아가는 사람은 남들이 보지 못하는 징조를 보고, 남들이 듣지 못하는 속삭임을 듣습니다. 그의 마음이 맑기에 세상이 던지는 미세한 신호에도 귀 기울일 수 있는 것입니다. 그래서 지극히 성실한 사람은 마치 귀신 같다는 말을 듣습니다. 하지만 그것은 신비로운 능력이 아니라 진심과 정성이 오랫동안 쌓여 생긴 투명한 감각일 뿐입니다. 그리고 그 감각은 언제나 자신뿐만 아니라 다른 사람과 세상을 살리는 길로 향합니다.

　자사의 정의처럼 성실과 정성은 미신이 아닙니다. 오히려 인과 법칙 안에서 자연을 따른 결과입니다. 해가 떴다가 지고, 달이 찼다가 기울고, 꽃이 피었다가 지는 것처럼 우리에게 닥치는 일도 반복되고 순환됩니다. 정성과 성실이 쌓이면 보이지 않던 흐름이 눈에 들어오고, 그 흐름이 보이면 미래가 어느 방향으로 움직일지 감이 잡힙니다. 우리는 분명 불확실성의 시대를 살고 있지만, 언제나 우리 안에는 가장 확실한 길이 있습니다. 그것은 바로 성실히 살아가고 정성을 다하는 태도입니다.

언제든 누구에게든
통하는 답은 있다

| 원칙 |

성실은 스스로 이루어 가는 것이며, 도는 스스로 가야 할 도리다.
성실은 사물의 시작이자 끝이니, 성실하지 않으면 사물도 있을 수 없다.
그러므로 군자는 성실해지려고 노력하는 것을 중요하게 여기는 것이다.
성실은 자신을 이룰 뿐만 아니라 다른 사람도 이루어 주는 것이니, 자신을 이루는 것은 인이고, 남을 이루어 주는 것은 지다.
인과 지는 본성의 덕으로, 안과 밖을 합하는 도이기 때문에 언제라도 그 마땅함을 얻는다.

誠者自成也 而道自道也 誠者物之終始 不誠無物

是故君子誠之爲貴

誠者非自成己而已也 所以成物也

成己仁也 成物知也 性之德也 合內外之道也

故時措之宜也

성자자성야 이도지도야 성자물지종시 불성무물

시고군자성지위기

성자비자성기이이야 소이성물야

성기인야 성물지야 성지덕야 합내외지도

고시조지의야

《중용》제25장

생각해 보면 회사 다닐 때는 돈에 대한 걱정이 그렇게 심하지 않았습니다. 연봉이 마음에 든 적은 없지만 그렇다고 버티지 못할 정도는 아니었습니다. 아내는 그 돈으로 아이 키우고 집 장만 하는 데 최선을 다했습니다. 집값이 지금처럼 하늘로 치솟지는 않았지만 그렇다고 쉽게 구할 수 있는 것은 아니었죠. 어쨌든 스트레스로 잠을 설치는 날은 많았어도 월급날은 달력에 찍혀 있는 숫자처럼 영락없이 지켜졌기 때문에 돈 걱정을 크게 하지는 않았습니다.

문제는 직장을 나와 사업을 할 때였습니다. 경영했던 회사가 인사 컨설팅 회사라 겉은 번듯해 보여도 실상은 어떤 시스템을 기반으로 자연스럽게 굴러가는 형태는 아니었습니다. 한 달 한 달이 그야말로 피를 말리는, 먹고살기 위한 생계형 비즈니스였습니다. 저는 사업을 할 때도 직장에 다닐 때처럼 일정 금액의 돈을 아내에게 보내는 월급 방식을 이어 갔습니다. 그래야 가정 경제를 계획적으로 운영할 수 있으리라고 생각해서였습니다.

그런데 그 일이 그렇게 힘들었습니다. 이전 직장 월급만큼의 생활비를 단 한 번도 지연 없이 매달 보낸다는 것이 그렇게 애타는 일인 줄 미처 몰랐습니다. 월급쟁이일 때는 상상조차 하지 못했던 근심 걱정이 매달 반복됐습니다. 매일 엑셀로 수입과 지출을 계산하고 또 계산해 봐도 답이 나오지 않을 때가 많았습니다. 자존심은 있었기에 직원에게도 아내에게도 친구나 다른 누구에게도 어려움을 털어놓지 못했습니다. 그럴수록 출근 시간은 당겨지고 퇴근 시간은 늦춰졌지만, 하소연할 데라고는 잠들기 전에 끄적거리는 일기뿐이었죠.

지금 생각해 보면 그 시기를 어떻게 지나왔는지 아득하기만 합니다. 직장 다닐 때보다 시간을 자유롭게 쓸 수 있어 좋았지만, 근심 걱정의 강도는 몇 배 더했습니다. 50대의 시간을 사업으로 보낸다는 것이 얼마나 무모하고 위험스러운 일인지를 매일 절감

하면서 그 긴 시간을 보냈습니다. 그런데 다시 생각해 보면 답답하고 어두웠던 그 시간이 어쩌면 내 인생에서 가장 솔직하고 가장 많이 성장한 시간이었습니다.

우리를 존재하게 하는 힘

가만히 보면 세상은 참으로 정직합니다. 거짓은 잠시 빛나는 것 같아도 오래가지 못합니다. 반대로 진실함은 당장은 더디고 답답해 보여도 끝내 뿌리를 내리고 꽃을 피웁니다.

성실은 스스로 이루어 가는 것이며, 도는 스스로 가야 할 도리다. 성실은 사물의 시작이자 끝이니, 성실하지 않으면 사물도 있을 수 없다.

성은 꾸며 낸 모습이 아니라 스스로 완전해지려는 본래의 힘을 말합니다. 억지로 만들어 내는 것이 아니라 이미 우리 안에 주어진 성실한 마음이 있기에, 씨앗이 자기 안에 담긴 힘으로 싹을 틔우듯 사람도 성실함을 바탕으로 자신을 완성해 나갑니다. 이를 곧 도라고 합니다. 우리가 걸어가는 인생길이죠.

50년 가까이 살아온 이들은 잘 압니다. 노력 없이 얻은 성과는 금세 사라지고 진실하지 않은 관계는 오래갈 수 없다는 것, 직장에서든 가정에서든 삶의 무게를 지탱해 주는 힘은 성실함과 정성이라는 것을 말입니다.

길게 보고 멀리 보면 성실은 정말 스스로 이루어 가는 힘이라는 생각이 절로 듭니다. 자연도 인간도 마찬가지입니다. 유구한 자연이 지금까지 변함없이 유지되는 것이나, 수만 년을 이어 오는 유구한 인간의 삶을 보면 그렇습니다. 자포자기만 하지 않는다면 우리는 우리의 본성과도 같은 성실을 기반으로 누구나 일어서고 천명을 다할 수 있음을 느끼게 됩니다. '사람은 모두 제 먹고살 거리는 가지고 나온다'는 옛 어른들의 말씀이 크게 틀리지 않습니다.

삼십부터 오십까지 만만하게 걸어온 사람은 거의 없을 것입니다. 성실하게 살아왔음에도 저마다 수없는 굴곡과 아픔과 시련을 거쳐야 했을 것입니다. 그렇게 다다른 오십이 마음에 흡족하지는 않겠지만 그렇다고 되돌아갈 수도 없습니다.

지금까지 그랬던 것처럼, 앞으로도 그렇게 살아가면 됩니다. 누구나 성실을 태생적으로 가지고 있다는 사실을 지난 50년을 거치면서 알게 됐으니까요. 성실하지 않으면 인생의 결과나 결실은 없습니다. 자사의 말처럼 성실은 사물의 시작이자 끝이기 때문입니다. 2,400년 전에 자사가 내놓은 '성실'의 정의가 틀리지 않는다면 더더욱 그렇습니다. 오십까지는 그 정의가 마음에 들지 않았을 수도 있습니다. 아마도 대부분 사람이 그랬을 것입니다. 그렇다고 해도 희망은 있습니다. 성실이 본성인 자연은 분명 잘 굴러가고 있습니다. 자연의 일부인 우리도 자연스럽게 잘 굴러갈 수 있습니다. 자포자기만 하지 않는다면 말이죠.

성실은 노래의 후렴구

《중용》제25장에서 말하듯, 성실과 정성은 자신을 완성하는 가장 확실한 도구입니다. 성실은 우리 인생길의 시작이자 끝입니다. 성실하지 않으면 어떤 좋은 결과도 기대하기 어렵기에 리더들이 언제나 성실해지기 위해 노력하는 것입니다.

성실과 정성은 나 자신을 성장시키는 동시에 다른 사람까지 성장하게 합니다. 앞서 나를 이루게 하는 것이 인이라고 했습니다. 인은 상대방의 처지에서 생각하고 이해하는 역지사지의 마음, 상대를 사랑하고 용서하는 마음이기도 합니다. 이 마음이 있을 때 우리는 자신뿐 아니라 주변 사람들과도 따뜻하게 연결되고 그들의 협조를 끌어낼 수 있습니다. 그 덕에 내가 목표한 바를 더 수월히 이룰 수 있습니다.

남이 이루게 돕는 것을 '지'라고 했습니다. 지는 단순한 지식을 넘어 지혜로 돕고 가르치며 함께 성장하는 마음입니다. 인과 지는 사람의 본성에 깃든 덕목으로, 안(나)과 밖(남)을 하나로 잇는 도리이기도 합니다. 인은 나를 세우는 뿌리이고, 지는 남이 이루게 돕는 가지와 같습니다.

어진 마음으로 나를 다스리고 용서와 사랑으로 관계를 바라볼 때, 우리는 진정한 사람으로 성장합니다. 그리고 그 성장이 지혜와 배움으로 주변을 품을 때, 우리가 속한 조직과 팀이 더 단단하고 따뜻한 공동체가 됩니다. 그래서 언제, 어디서나 그 마땅함을 잃지 않게 됩니다.

그렇다면 성실을 어떻게 지켜 낼 수 있을까요? 먼저 거창한 목표보다는 '오늘 내가 할 수 있는 작은 일'을 완수하는 데 집중하는 것입니다. 출근 후 오늘 해야 할 일 중 한 가지라도 완벽히 해낸다면 그 작은 성공이 모여 큰 자신감이 됩니다.

과정 자체에 의미를 부여하는 마음이 필요합니다. 결과가 당장 눈에 보이지 않아도, 성실한 하루하루가 쌓여 결국 더 큰 성과를 이뤄 냄을 믿어야 합니다. 또한 자기 자신에게도 진심이어야 합니다. 스스로 세운 약속을 지키고 자신의 성장에 마음을 기울일 때, 성실과 정성이 자연스럽게 몸에 뱁니다.

쉼이 없으면 오래가고
오래가면 무궁무진하다

| 무한 |

지극한 성실함은 쉼이 없으니, 쉼이 없으니 오래가고, 오래가니 효험이 있다.

밖으로 효험이 있으니 길고 멀리 퍼져 가고, 길고 멀리 퍼져 가니 넓고 두터워진다.

넓고 두터우니 높고 밝아지는 것이다.

넓고 두터움으로 만물을 떠받치고 높고 밝음으로 만물을 감싸 주며 유구함으로 만물을 이룬다.

두터움은 땅과 짝을 이루고, 높고 밝음은 하늘과 짝을 이루고, 유구하고 무궁하다.

이와 같은 것은 드러내려 하지 않아도 환히 드러나고,
움직이려 하지 않아도 변화하며, 애써 하는 일이 없어도 저절로
일이 이루어진다.

故至誠無息 不息則久 久則徵

徵則悠遠 悠遠則博厚 博厚則高明

博厚所以載物也 高明所以覆物也 悠久所以成物也

博厚配地 高明配天 悠久無疆

如此者 不見而章 不動而變 無爲而成

고지성무식 불식즉구 구즉징

징즉유원 유원즉박후 박후즉고명

박후소이재물야 고명소이부물야 유규소이성물야

박후배지 고명배천 유구무강

여차자 불견이장 부동이변 무위이성

《중용》제26장

《성경》에서는 태초에 아무것도 없던 어둠 속에서 "빛이 있으라"라는 말씀 한마디로 세상이 창조됐다고 하고, 《중용》은 작은 성실과 정성이 모여 하늘과 땅, 산과 바다를 이뤘다고 전합니다. 작은 흙이 쌓여 대지가 되고 한 국자의 물이 모여 강과 바다가 되는 이치가, 첫째 날 빛이 생기고 둘째 날 하늘이 열리며 셋째

날 땅과 바다가 갈라지고 온갖 생명이 돋아나는 〈창세기〉의 장면과 겹쳐 보입니다.

그 유명한 《성경》 〈창세기〉의 도입부입니다.

태초의 세상에는 아무것도 없었습니다. 이름도, 빛도, 시간도 없었습니다. 그 고요한 공간에 하느님께서 오셨습니다. 그리고 첫 번째 날, 어둠 속에서 한마디 말씀을 하셨습니다.

"빛이 있으라."

그 순간 세상은 숨을 쉬기 시작했습니다. 빛은 어둠을 가르며 퍼져 나갔고, 첫째 날이 완성됐습니다. 둘째 날, 하느님은 하늘을 여셨습니다. 물과 물 사이에 공간을 만들고, 그것을 하늘이라고 부르셨습니다. 그 하늘은 끝이 없었고, 모든 것을 품을 만큼 넓었습니다. 셋째 날, 물과 땅이 나뉘었습니다. 바다는 깊게 숨을 쉬었고, 드러난 땅에서는 풀과 나무, 온갖 식물이 자라났습니다. 넷째 날, 낮과 밤이 구분됐습니다. 다섯째 날, 바다에는 물고기들이, 하늘에는 새들이 생겨났습니다. 여섯째 날, 땅에서는 짐승들이 태어났습니다. 그리고 마지막으로 사람을 지으셨습니다. 일곱째 날, 하느님은 모든 일을 마치고 쉬셨습니다. 일주일 만에 세상은 온전히 완성됐고, 그 위에는 평화가 내려앉았습니다.

자사는 제26장에서 천지자연이 성실함과 정성으로 오랫동안 이어지고 있음을 증명하고 싶어 합니다.

> 지극한 성실함은 쉼이 없으니, 쉼이 없으니 오래가고, 오래가니 효험이 있다.
> 밖으로 효험이 있으니 길고 멀리 퍼져 가고, 길고 멀리 퍼져 가니 넓고 두터워진다.
> 넓고 두터우니 높고 밝아지는 것이다.
> 넓고 두터움으로 만물을 떠받치고 높고 밝음으로 만물을 감싸 주며 유구함으로 만물을 이룬다.

지극한 성실함은 쉬지 않는 마음에서 시작됩니다. 쉬지 않으니 오래 이어지고, 오래 이어지니 그 힘이 드러납니다. 그 힘이 밖으로 나타나면 멀리까지 퍼져 나가고, 멀리 퍼져 나가면 넓고 깊어집니다. 넓고 깊어진 성실함은 마침내 높고 환해져서 세상을 비춥니다. 넓고 깊음은 땅처럼 모든 물건을 든든히 받쳐 주고, 높고 밝음은 하늘처럼 모든 것을 따뜻하게 감싸 줍니다. 그 힘은 오래오래 변함없이 이어져 만물을 이룹니다.

그렇게 다져진 성실함은 굳이 드러내려 하지 않아도 저절로 드러나고, 움직이려 애쓰지 않아도 변화를 만들며, 억지로 하지 않아도 스스로 일이 이루어집니다. 하늘과 땅의 도를 한마디로 말하면 성실과 정성입니다. 변함없이, 조용히 그러나 끝없이 모든 것을 만들어 가니 그 이치는 깊고 오묘하여 다 헤아릴 수 없습니다. 하늘과 땅의 도는 넓고 깊으며, 높고 밝고, 길고도 오래갑니다.

하늘을 보세요. 그 광활함은 작은 빛들이 모여 이루어진 것입니다. 그 빛이 끝없이 이어지면 해와 달과 별이 그 품에 머물고, 만물이 그 빛 아래에 덮입니다. 땅을 보세요. 한 줌의 흙이 모이고 모여 넓고 깊어진 것입니다. 그 넓음은 화산을 실어도 무겁지 않고, 그 깊음은 강과 바다를 품어도 새지 않습니다. 모든 생명이 거기에 기대어 살아갑니다. 산을 보세요. 주먹만 한 작은 돌들이 모이고 모여 큰 산이 됐습니다. 그 위에 풀과 나무가 자라고 짐승들이 살며, 귀하고 아름다운 보물들이 땅속에서 솟아납니다. 물을 보세요. 작은 한 국자의 물이 모여 큰 강과 바다가 됩니다. 그 안에서 자라와 악어, 용과 물고기가 자라고 온갖 생명이 번식합니다. 이렇듯 작은 성실함이 모이고 모이면 하늘과 땅, 산과 바다처럼 넓고 깊고, 높고 밝고, 오래도록 모든 것을 이루는 힘이 됩니다.

《중용》과 《성경》

《성경》과 《중용》은 억지로 애쓰지 않아도 근원적인 힘이 세상을 저절로 질서 있게 세운다고 한목소리로 말합니다. 《중용》은 그 힘을 '성실과 정성'이라고 했고, 〈창세기〉는 그것을 '하느님의 말씀'이라고 불렀습니다. 비록 표현은 다르지만, 눈에 보이지 않는 근원의 힘이 만물을 낳고 조화를 이루며 조용히 그러나 끊임없이 이어진다는 점에서 두 경서는 같은 통찰을 줍니다.

그리고 마침내 같은 결론에 이릅니다. 《중용》은 지극한 성실이 넓고 깊어져 천지 만물을 품는 조화로 완성된다고 말하고, 〈창세기〉는 일곱째 날 하느님께서 안식하시며 창조가 평화와 쉼으로 귀결됐다고 전합니다. 끊임없이 이어지는 성실과 정성, 그리고 일주일 만에 완성된 창조의 질서가 중국에는 평화와 영원으로 향한다는 점에서 두 가르침은 서로 다른 길을 걸어온 듯 보이지만, 본질적으로는 같은 진리를 노래하고 있는지도 모릅니다.

예수님보다 약 반세기 전에 중국에서 태어난 자사는 세상의 모든 것이 성실과 정성에서 비롯된다고 가르쳤습니다. 하늘과 땅, 해와 달과 수많은 별, 산과 물, 풀과 나무, 짐승과 땅속의 보물들, 바다의 물고기와 자라, 심지어 용과 같은 상상의 존재까지도 모두 지극한 성실과 정성이 모이고 쌓여 이루어진 것이라고 본 것입니다. 그래서 자사는 사람이 살아갈 때도 무엇보다 성실하고 정성스러운 것이 중요하다고 강조했습니다. 작은 성실이 모이고 쌓이면 마침내 큰 힘이 되어 세상을 변화시키고, 나아가 만물과 하나 되는 삶으로 이어진다는 가르침은 오늘을 사는 우리에게 여전히 깊은 통찰을 줍니다.

행복을 여는
두 개의 열쇠

| 몰입 |

천지의 도는 한마디 말로 다 표현할 수 있으니,

천지는 한결같고 변함이 없고

만물을 생성하는 것이 오묘하여 헤아리기 어렵다는 것이다.

천지의 도는 넓고 두터우며, 높고 밝으며, 길고도 오래간다.

天地之道 可一言而盡也

其爲物不貳 則其生物不測

天地之道 博也厚也高也明也悠也久也

천지지도 가일언이진야

기위물불이 즉기생물불측

天之至道 博也厚也高也明也悠也久也

《중용》제25장

누구나 행복을 꿈꿉니다. 하지만 행복은 가까이 있는 듯해도 손에 잡히지 않아 멀리 있는 것처럼 느껴집니다. 우리는 종종 큰 성취나 특별한 사건에서 행복을 찾으려 하지만, 정작 행복은 거창한 순간이 아니라 우리의 일상에서 그 모습을 드러냅니다. 오늘의 작은 미소, 사소한 대화, 눈앞의 순간 속에서 행복은 피어나고 그것이 모여 우리 삶을 따뜻하게 물들입니다.

헝가리 출신의 심리학자 미하이 칙센트미하이는 그 비밀을 '몰입(flow)'이라는 개념으로 풀어냈습니다. 몰입이란 자신이 하는 일에 완전히 빠져들어 시간 가는 줄도 모르고 온 마음을 쏟아붓는 상태를 말합니다. 그는 인간이 가장 행복할 때가 바로 이 몰입의 순간이라고 말했습니다.

몰입을 경험해 본 사람이 적지 않으리라고 생각합니다. 글을 쓰거나, 악기를 연주하거나, 아이와 대화를 나누거나, 업무에 집중할 때 시간이 훌쩍 흘러가 버리는 순간이 있습니다. 힘들어 보이지만 오히려 즐겁고, 피곤해 보이지만 오히려 활력이 생기는 상태, 그것이 바로 몰입입니다.

일에 대한 몰입

많은 사람이 행복을 위해서는 자신이 좋아하는 일을 해야 한다고 말합니다. 하고 싶은 일을 직업으로 삼을 수 있다면 더할 나위 없이 좋겠지만, 현실은 그렇지 못한 경우가 많습니다. 꿈꾸던 직업을 가지기는 쉽지 않고, 때로는 생계를 위해 원하지 않는 일을 해야 할 때도 있습니다. 그렇다고 해서 행복이 꼭 멀어지는 것은 아닙니다.

자신이 하는 일을 어떻게 바라보느냐가 더 중요한데, 시각을 긍정적으로 바꾸면 도움이 됩니다. 일의 목적을 다르게 해석하고 새로운 방법을 모색하는 것이 한 가지 방법입니다. 예컨대 반복되는 업무도 '내가 맡은 작은 역할이 큰 조직을 지탱하고 있다'는 의미로 바라보면, 일이 더 이상 단순한 노동이 아니라 사회에 기여하는 하나의 사명이 됩니다. 또는 일하는 방식을 개선하거나 새로운 아이디어를 제안하는 과정에서도 더 깊은 몰입을 경험할 수 있습니다. 일을 좋아해야만 몰입할 수 있다기보다 일을 통해 새로운 의미를 발견할 때 비로소 몰입이 깊어지는 것입니다.

사람에 대한 몰입

행복은 일에서만 오는 것이 아닙니다. 인간은 관계 속에서 살아가는 존재입니다. 그렇기에 사람에 대한 몰입 또한 삶을 풍요롭게 합니다. 누군가와 온전히 마음을 맞대고 대화할 때, 우리는 놀라운 충만함을 느끼곤 합니다.

이를 위해서는 두 사람이 공유할 수 있는 목표를 세우는 것이 좋습니다. 공동의 목표가 서로를 이어 주는 끈이 되기 때문입니다. 또한 상대방의 꿈과 목표에 관심을 기울이는 것도 필요합니다. 공자가 말한 '인'과 '서', 곧 사람을 사랑하고 역지사지하는 마음이 여기서 중요합니다. 상대방의 마음을 헤아리고, 그가 원하는 길을 응원하는 태도는 관계를 더 단단하게 해 줍니다.

나아가 대화에 몰입하는 것도 큰 힘이 됩니다. 휴대전화나 다른 생각을 내려놓고, 대화에 집중하며 눈빛과 표정으로 공감할 때 관계가 더욱 깊어집니다. 사람에 대한 몰입은 단순한 교제를 넘어섭니다. 인간 본성이 지닌 따뜻함을 실현하는 길이며, 행복을 나누는 과정이기도 합니다.

성과에 대한 몰입

《중용》에서는 이와 같은 삶의 태도를 '성'이라는 한 글자로 응축했습니다. 성은 단순한 성실함을 넘어 마음의 정성스러움과 진실함을 의미합니다. 인간은 본래 성실과 정성의 씨앗을 품고 태어난 존재라는 뜻입니다. 성은 어떤 어려움도 밝게 하고, 막힌 길도 풀리게 하는 힘을 가지고 있습니다. 정성과 성실을 다해 임한다면, 설령 처음에는 좋아하지 않던 일이었다고 해도 의미와 즐거움이 더해질 수 있습니다. 또한 누군가에게 정성을 다하면, 그 관계는 믿음과 사랑으로 충만해집니다.

이런 점에서 성과 몰입은 유사점이 많습니다. 몰입이 결국 한 가지에 정성을 쏟아붓는 순간을 말하니까요. 일에 몰입하기 위해서는 성실함이 필요하고, 사람에 몰입하기 위해서는 정성이 필요합니다. 성과 몰입은 서로 다른 언어로 표현됐을 뿐, 결국 같은 삶의 태도를 가리킨다고 할 수 있습니다.

우리는 종종 행복을 거창한 목표에서 찾으려 하지만, 행복은 언제나 성실과 몰입 속에 숨어 있습니다. 작은 일에 몰입하고 사람과의 관계에 정성을 다한다면, 우리는 이미 행복의 중심에 서 있다고 볼 수 있습니다.

삶은 늘 우리에게 묻습니다.

'당신은 지금 무언가에 정성을 다하고 있는가?'

만약 우리가 그렇게 살아간다면, 우리의 하루는 더욱 충만해지고 우리의 사회는 한층 더 따뜻해질 것입니다. 몰입과 성은 단순한 개념이 아니라 오늘을 행복하게 살아가는 지혜입니다.

천지의 도는 한마디 말로 다 표현할 수 있으니,
천지는 한결같고 변함이 없고
만물을 생성하는 것이 오묘하여 헤아리기 어렵다는 것이다.
천지의 도는 넓고 두터우며, 높고 밝으며, 길고도 오래간다.

천지자연의 도를 한마디로 하면 '성'입니다. 그래서 자연은 언제나 한결같고 변함이 없고 만물을 생성함이 오묘하여 헤아리기 어렵다고 한 것입니다. 자연은 넓고 두터우며, 높고 밝으며, 길고도 오래간다고도 했죠. 인간은 자연의 일부이므로 인간의 도 역시 '성'입니다. 그래서 인간은 수십만 년을 내려오면서 변함이 없고, 점점 더 발전해 가면서 길고도 오래간다고 한 것입니다.

중용을 이룬
현인들

| 모범 |

오직 천하의 지극히 성실한 분이라야 천하의 큰 원칙을 경륜할 수 있고, 천하의 큰 근본을 세우며, 천지의 화육을 알 수 있다.
어찌 달리 의지하는 것이 있겠는가.
어진 그 마음 간절하고 지극하며,
연못 같은 그 마음 깊고 깊으며, 하늘 같은 그 마음 넓고 크구나.
진실로 총명하고 성스러우며 지혜로워서 하늘의 덕을 통달한 사람이 아니면 그 누가 이런 분을 알아보겠는가.

唯天下至誠 爲能經綸天下之大經 立天下之大本 知天地之化育
夫焉有所倚 肫肫其仁 淵淵其淵 浩浩其天

苟不固聰明聖知達天德者 其孰能知之

유천하지성 위능경륜천하지대경

입천하지대본 지천지지화육

부언유소의 순순기인 연연기연 호호기천

구불고총명성지달천덕자 기집능지지

《중용》제32장

    자사는 《중용》이라는 책을 쓰면서 자신이 존경하는 역사 속 성인들을 불러냈습니다. 중국의 전설 속 임금인 요임금과 순임금, 하(夏)나라의 우임금, 주나라의 문왕·무왕·주공 같은 임금들이었습니다. 그리고 할아버지인 공자와 공자의 제자인 안회·자로도 함께 등장합니다. 이들은 모두 중용을 몸소 실천하며 살아간 인물들로, 마치 성인처럼 지혜롭고 덕이 높았습니다.

    그가 주목한 첫 번째 인물은 순임금입니다. 순임금은 백성의 목소리에 늘 귀 기울였고, 옳은 것은 드러내고 그른 것은 감추어 백성을 이롭게 했습니다. 그는 매 순간 상황을 세심히 살피며 가장 알맞은 도리를 찾아 실행했고, 이로써 중용의 참모습을 보여주었습니다.

    하지만 자사는 중용을 실천하는 일이 결코 쉽지 않다고 강조합니다. 사람들은 흔히 자신이 지혜롭다고 여기지만 작은 유혹에도 쉽게 흔들리고, 위기를 만나면 중심을 잃어버리기 때문입니다. 중용을 택한다고 해도 오래 지켜 내는 이는 드물다는 얘기입니다.

이 대목에서 자사는 공자의 제자 안회를 떠올렸습니다. 안회는 아주 작은 덕목 하나도 소홀히 하지 않고 성실히 지켜 냈습니다. 그는 마음속에 단 한 줄기라도 선을 얻으면 그것을 잃지 않으려 애썼습니다. 보통 사람들은 쉽게 놓치는 것을 안회는 가슴 깊이 간직한 것입니다. 그의 삶은 중용이 얼마나 꾸준한 마음과 끊임없는 수양을 필요로 하는지를 잘 보여 줍니다. 공자는 안회를 가리켜 진정 중용을 실천하는 사람의 모습이라고 칭찬했습니다.

한편, 자로 또한 중용을 드러낸 인물로 언급됩니다. 자로는 강직하고 꿋꿋한 성품으로 알려져 있는데, 그의 중심에도 중용이 자리하고 있었습니다. 군자는 시대와 상황에 휩쓸리지 않고 언제나 중심을 지키는 사람입니다. 세상에 도가 있을 때는 비록 가난하고 초라해도 도를 잃지 않고, 세상에 도가 사라졌을 때는 죽음이 앞에 있어도 뜻을 굽히지 않습니다. 그것이 바로 중심을 잃지 않는 진정한 용기라고 자사는 생각했습니다. 그래서 중용을 따르는 사람은 세상에 이름이 알려지지 않아도 후회하지 않고 박수를 받지 않아도 흔들리지 않습니다. 드러나는 영광보다 내면의 도리를 지키는 것을 더 중시하기 때문입니다.

이처럼 자사는 순임금과 안회, 자로 같은 인물들의 삶을 통해 중용의 어려움과 소중함을 설명했습니다. 그리고 마지막에 이르러, 중용을 가장 온전히 실천한 이는 다름 아닌 공자라고 강조했습니다.

공자는 하늘의 명을 자신의 천명으로 삼아 그 본성을 갈고닦았고, 요임금과 순임금의 덕을 이어받아 문왕과 무왕의 길을 따랐습니다. 위로는 하늘의 뜻을 본받고 아래로는 자연의 조화를 따르며 중용의 도를 완성했습니다. 작은 덕은 시냇물처럼 고요히 흘러 사람들의 마음을 적셨고, 큰 덕은 대지처럼 넉넉하여 만물을 키웠습니다. 자사는 공자를 하늘의 뜻을 본성으로 완전히 실현한 진정한 성인으로 높였습니다. 자사는《중용》제32장에서 공자에게 다음과 같은 극찬을 보냈습니다.

오직 천하의 지극히 성실한 분이라야 천하의 큰 원칙을 경륜할 수 있고,
천하의 큰 근본을 세우며, 천지의 화육을 알 수 있다.
어찌 달리 의지하는 것이 있겠는가.
어진 그 마음 간절하고 지극하며,
연못 같은 그 마음 깊고 깊으며, 하늘 같은 그 마음 넓고 크구나.
진실로 총명하고 성스러우며 지혜로워서 하늘의 덕을 통달한 사

람이 아니면 그 누가 이런 분을 알아보겠는가.**

자사는 순임금·안회·자로 같은 인물을 예로 들어 중용이 삶에서 어떻게 드러나는지 보여 주었고, 마지막에는 공자를 성인의 반열에 올려놓았습니다. 자사는 이렇게 말합니다. 중용이란 말로는 쉽지만 실천하기는 가장 어려운 길이며, 그 길을 온전히 걸어 낸 이는 성인뿐이라고. 그 성인의 대표가 공자라는 사실을 독자들에게 분명히 전하고자 한 것입니다.

《중용》에 등장하는 주요 인물을 간단히 정리해 보면 다음과 같습니다.

순임금

고대 중국의 전설적 성군으로, 덕과 지혜로 백성을 다스린 이상적인 군주였습니다. 《중용》에서는 그의 정치를 중용을 실천한 사례로 들며, 감정을 절제하고 극단을 피하며 백성에게 알맞은 도리를 적용했다고 평가합니다. 공자는 순임금을 효성과 덕행의 전형으로 봤으며, 그의 덕과 정치적 판단의 조화를 높이 평가했습니다. 맹자는 백성을 부모처럼 여기고 형벌보다 덕으로 다스린 점을 이상 정치의 표본으로 삼기도 했습니다. 사마천의 《사기》는 순임금을 천명을 실천한 성군으로 기록하며, 개인적 욕심을 버리고 민생을 우선한 통치를 강조합니다. 순임금은 성실과 덕성을 바탕으로 백성을 위한 올바른 길을 선택한 군주로, 덕치(德治)의 이상적인 모델로 평가됩니다.

주나라 문왕

주나라의 기틀을 다진 군주입니다. 상(商)나라(은 왕조의 최초 명칭)의 폭정에 맞서 주나라의 세력을 확장했으며, 《주역》의 저자로도 알려져 있습니다. 문왕의 덕치는 후대 군주들에게 이상적인 통치 모델로 평가받고 있습니다.

주나라 무왕

문왕의 아들로, 상나라를 정복하고 주나라 왕조를 확립한 군주입니다. 상나라 정복 전투에서 승리하여 주나라 왕조를 확립했습니다.

주공

무왕의 동생으로, 무왕 사후 어린 성왕을 보좌하며 주나라를 안정시킨 정치가이자 군사 지도자입니다. 이름은 단(旦)이며 주나라의 정치 체계를 정립했습니다. 공자가 가장 존경했던 인물입니다.

참고로, 주나라는 상나라에 이어 중국에 존재했던 나라입니다. 중국 역사에서 가장 오래 존속한 나라로, 약 800년간 왕조를 이어 갔습니다. 무왕을 기준으로 전후 계보는 다음과 같습니다. 고공단보(무왕의 증조부)-계력(무왕의 조부)-창(무왕의 부친, 은나라 서백 지역의 군주였으나 주나라 건국 후 문왕으로 추존됨)-무왕(1대, 주나라 건국)-주공(무왕의 동생으로, 무왕 사후 어린 성왕을 보좌하며 7년 섭정으로 주나라를 안정시킴)-성왕(2대).

자사의 조부인 공자

춘추 시대 노나라 출신의 사상가이자 교육자이며, 유학의 창시자입니다. 인간과 사회, 성지와 윤리를 조화롭게 연결하는 도덕 철학을 확립했고 후대 동아시아 문화와 정치사상에 지대한 영향을 미쳤습니다.

공자는 인과 예를 강조하며 인간관계와 사회 질서를 올바르게 유지할 것을 주장했습니다. 그는 권력이나 법률보다 덕과 모범으로 백성을 다스리는 덕치를 이상적 통치로 봤습니다. 또한 신분과 관계없이 제자들을 가르치며, 평생 학습과 자기 수양의 중요성을 설파했습니다. 그의 교육과 철학은 《논어》를 통해 전해졌으며, 인간의 내적 성숙과 사회적 조화를 동시에 추구하는 체계적 윤리로 자리 잡았습니다.

공자 말년의 군주였던 노나라 애공

춘추 시대 노나라의 군주로, 정치적 능력이 부족하여 결단력보다는 신하와 외교적 조언에 의존하는 소극적 통치를 펼쳤습니다. 그는 공자가 천하를 주유하던 시기(공자 58세)부터 공자가 사망할 때까지 노나라를 다스렸으며, 젊은 나이임에도 공자로부터 많은 조언을 받았습니다.

《중용》의 저자인 자사

전국 시대의 유학자이자 공자의 손자로, 공자의 사상을 계승한 인물입니다. 그는 공자의 인과 예를 단순히 기록하지 않고, 인간 본성과 도덕적 실천을 논리적으로 정리했습니다. 자사의 대표적 업적은 《중용》 저술로, 인간이 감정과 행동에서 지나치거나 부족하지 않고 균형과 조화를 이루는 길을 설명합니다. '중'과 '화'를 통해 인간 본성을 실현하고 사회와 조화를 이뤄야 한다고 강조하며, 정치와 삶에서 실천할 수 있는 도덕적 기준으로 중용을 제시합니다. 자사는 공자의 철학을 심화하고 체계화하여 실천적 지침으로 정리한 역사적 사상가로 평가받습니다.

흔들리는 인생에 필요한 균형의 기술

| 철학 |

중용은 반복되는 선택의 습관으로 만느는 것

아리스토텔레스

중용은 성실함을 통해 도달하는 중화, 시중, 집중

자사

가끔 자신에게 물어볼 때가 있습니다.

'내가 너무 나서는 것은 아닐까?'

'너무 움츠리고 있는 것은 아닐까?'
'내 감정과 욕망, 말과 행동을 잘 조절하며 살고 있는 걸까?'
'너무 달려오기만 한 것은 아닐까?'
'이제는 조금 덜어 내고, 잠시 멈춰야 할 타이밍이 아닐까?'

사람들은 종종 극단에서 길을 잃기도 합니다. 너무 많이 말해서 상처를 주고, 너무 적게 말해서 오해를 부릅니다. 너무 사랑하니 집착이 되고, 너무 멀어져서 무관심이 됩니다. 그 사이 어딘가에서 '적절함'이라는 길을 찾고자 애쓰기도 합니다.

아리스토텔레스와 자사, 두 철학자의 중용

자사 그리고 자사보다 100년 후에 태어난 아리스토텔레스는 동서양의 서로 다른 문화 속에 살았지만, 놀랍게도 서로 닮은 철학을 남겼습니다. 이들은 각자의 언어로 중용을 말했습니다. 그들의 중용은 언뜻 비슷해 보이지만, 속으로 들어가 보면 조금 다릅니다.

자신의 아들이 편집한 《니코마코스 윤리학》에서 아리스토텔레스는 이렇게 이야기합니다.

덕(arete)은 중간에 있다.

그는 인간의 감정과 행동에는 항상 두 가지 극단이 존재하며, 덕이란 그 두 극단 사이에서 적절한 중간을 찾는 것이라고 했습니다. 그 중간은 결코 고정된 것이 아닙니다. 사람마다 상황마다 다른데, 오직 '이성'으로 판단해야 한다고 그는 강조했습니다.

그가 말하는 중용은 단순히 가운데를 뜻하지 않습니다. 우리의 감정과 행동에는 언제나 두 극단이 존재합니다. 중용은 지나침과 부족함이라는 두 극단 사이에서 가장 적절한 지점을 찾는 것입니다. 용기는 무모함과 비겁함 사이에서, 관대함은 낭비와 인색함 사이에서 드러납니다. 하지만 이때의 '중간'은 단순히 평균치가 아닙니다. 각자의 상황과 성격, 처지에 따라 달라지는 살아 있는 기준입니다. 그러므로 중용은 고정된 답이 아니라 매 순간 이성의 판단으로 찾아야 하는 길입니다.

아리스토텔레스는 중용을 단순히 머리로 아는 지식이 아니라 몸에 배게 해야 하는 습관이라고 말했습니다. 사람은 반복하는 행동을 통해 성품을 만들어 갑니다. 정의로운 행동을 반복하면 정의로운 사람이 되고, 절제를 반복하면 절제 있는 사람이 되며, 용기를 반복하면 용감한 사람이 됩니다. 덕 또한 책 속의 지식이 아니라 삶에서 습관처럼 길러지는 성품이라고 했습니다.

그가 중용을 통해 궁극적으로 바라본 것은 인간의 행복이었습니다. 극단으로 기울어진 삶은 언제나 불안정하고 고통스럽습니다. 하지만 이성으로 균형을 찾아가는 사람은 삶에서 안정과 조화를 경험합니다. 지나치지도 부족하지도 않은 선택, 그 적절함이 쌓여 삶을 조화롭게 하고 궁극적으로 행복에 이르게 합니다.

아리스토텔레스는 우리에게 이렇게 말합니다.

"행복은 멀리 있는 것이 아니라 오늘 내가 어떤 선택을 하는가에 달려 있다."

조금 더 용기를 내되 무모하지 않고, 조금 더 베풀되 허세가 아니라 진심으로 베풀 때 우리는 균형을 배워 갑니다. 그 작은 균형들이 모여 우리의 성품이 되고 인생의 방향을 바꿉니다. 아리스토텔레스의 중용은 반복적으로 길러야 할 습관이며, 행복으로 향하는 현실적인 길입니다.

아리스토텔레스에 비해 자사의 중용은 인간의 법칙과 자연(하늘)의 법칙을 연결하여 생각했습니다. 중용이 단지 감정의 균형이 아니라 하늘이 부여한 본성인 '천명'에 따르는 삶의 일부라고 본 것입니다. 자사는 천명이 '성'이라고 했으며 이 정성스럽고 성실함을 바탕으로 감정과 행동을 절도 있게 하여 조화롭게 살아가는 것을 중용의 덕으로 봤습니다. 중용은 성실함을 통해 중화, 시중, 집중을 해 나가는 과정을 말합니다. 자사는 중용을 개인의 덕목을 넘어 가정과 사회, 나아가 천하를 바르게 세우는 도리로 확장했습니다.

누구의 중용을 따를까?

그렇다면 한 번쯤 이런 질문을 하게 됩니다.

'과연 누구의 중용이 더 옳은 걸까? 아리스토텔레스의 현실적이고 실천적인 중용인가, 자사의 존재론석이니 우주직 질시에 닿은 중용인가?'

하지만 이 질문은 애초에 방향이 잘못된 것일지도 모릅니다. 두 철학자는 각기 다른 관점에서 인간이 균형 잡힌 삶을 살 수 있도록 길을 제시했을 뿐입니다.

아리스토텔레스는 '개인의 품성'을 강조했고, 자사는 '인간의 도리와 하늘의 이치'를 강조했습니다. 전자는 실천의 윤리로, 후자는 존재의 윤리로 읽히는 거죠. 하지만 공통점도 분명히 있습니다. 두 사람 모두 인간이 감정과 욕망의 극단에 빠지지 않기를 바랐습니다. 그래서 조절, 절제, 조화를 이야기한 것입니다. 결국 중용이란 인간이 인간답게 살기 위한 '마음의 중심'이며, '삶의 평형'을 찾으려는 간절한 시도가 아닐까 합니다.

중용을 '적당히 하는 것'이라고 오해하는 사람도 있지만, 실은 그 반대입니다. 중용은 실천하기가 무척 어려운 덕목입니다. 이를 아리스토텔레스는 '이성과 습관의 싸움'이라고 했고, 자사는 인간의 내면과 하늘의 화합인 '조화'라고 했습니다. 아리스토텔레스는 중용을 '반복되는 선택의 습관'으로 만들라고 했고, 자사는 '성실함을 통해 시중, 집중'에 도달하라고 했습니다.

결국 중요한 것은 우리가 스스로 그 길에 서 있어야 한다는 사실입니다. 자신을 너무 몰아붙이지도 말고 너무 방치하지도 말며, 감정을 억누르지도 방치하지도 않되 한 걸음씩 중심을 찾아 나가는 것. 그것이야말로 중용이 아닐까요?

너무 뜨겁지도 너무 차갑지도 않게, 너무 빠르지도 너무 느리지도 않게 나의 속도로 하루를 걸어가는 것. 그것이 쉬운 일은 아니지만, 매일 내가 할 수 있고 나의 삶을 통해 닿고 싶은 중용의 길이 아닌가 생각합니다.